信息化战争中的航空管制

陈志杰　周琦　柳新　编著

电子工业出版社

Publishing House of Electronics Industry

北京・BEIJING

内 容 简 介

本书介绍了航空管制的基本原理和发展历史，以典型战例分析信息化联合作战条件下航空管制的体制和系统。重点介绍了航空管制的通信、导航、监视和空中交通管理等分系统。最后，对未来航空管制系统——新航行系统进行了简要介绍和展望。本书适合从事航空管制的专业人员阅读。

图书在版编目（CIP）数据

信息化战争中的航空管制 / 陈志杰，周琦，柳新编著.北京：电子工业出版社，2009.1

　ISBN 978-7-121-07994-8

I. 信… Ⅱ.①陈…②周…③柳… Ⅲ.信息战－空中交通管制－研究 Ⅳ.E869　V355.1

中国版本图书馆 CIP 数据核字（2008）第 199117 号

责任编辑：张　剑
印　　刷：北京机工印刷厂
装　　订：三河市鹏成印业有限公司
出版发行：电子工业出版社
　　　　　北京市海淀区万寿路 173 信箱　邮编　100036
开　本：720×1 000　1/16　印张：9.75　字数：150 千字
印　次：2008 年 12 月第 1 次印刷
印　数：230 册　定价：60.00 元

前　言

现代战争已多兵种联合作战的时代。实现各军兵种信息的互联互通，打造一体化联合作战的平台是打赢现代战争的基本条件。战时空管、空防管理的对象具有多元化，流量大，密集程度高，时效性强，与其他军兵种交互频繁、联系紧密的特点。信息化作战的联合性决定了航空管制协同的重要性和复杂性。目前，我国的空中交通管制采用"统一管制，分别指挥"的方式，由国务院、中央军委空中交通管制委员会统一领导，空军负责组织实施。我国航空管制的主体是军事航空管制，军事飞行量占全国飞行总量的90%以上。在2008年"5·12"抗震救灾重大行动中，在长约240km、宽约180km的狭窄山区环境，航空管制部门协调指挥数百架来自不同兵种的运输机、直升机、侦察机、无人机，高强度、大密集执行运输、空投、空降、救援、侦察、勘探、专机等多项任务，有力地保障了抗震救灾任务的实施，突显了航空管制在应对重大应急事件上的重要作用。

本书由陈志杰、周琦和柳新编著，洪鼎松、兰洪亮、陈金良、康海河、裴岚、张海、师建东等参与了本书部分章节编写。在本书编写和出版过程中，白松浩、刘颖辰、周苑等给予了大力支持和帮助，在此表示衷心感谢。

由于作者水平有限，不妥之处敬请批评指正。

编 著 者

目　　录

第一章

走进航空管制

1.1 航空管制概念内涵

1.1.1 航空管制概述

1. 概念内涵

航空管制（又称飞行管制）是指根据国家颁布的航空法规，对在其领空内的一切飞行活动进行强制性的监督、管制和管理。航空管制的目的是监督和管制国家领空内的一切飞行活动，防止航空器与航空器、航空器与地面障碍物相撞，提高空域利用率，增大飞行流量，维护飞行秩序，保证飞行安全。执行这项任务的人员就是空中交通管制员（ATC，Air Traffic Controller，我国军队系统一般称为航空管制员）。根据《中华人民共和国飞行基本规则》规定，航空管制的基本任务是监督航空器严格按照批准的计划飞行，维护飞行秩序，禁止未经批准的航空器擅自飞行；禁止未经批准的航空器飞入空中禁区、临时空中禁区或者飞出、飞入国（边）境；防止航空器与航空器、航空器与地面障碍物相撞；防止地面对空兵器或者对空装置误射航空器。

2. 管制区域

军航航空管制的区域按照飞行管制责任可划分为飞行管制区、飞行管制分区和机场飞行管制区。

飞行管制区是指从地面（水面）某一规定界限垂直向上延伸的实施飞行管制的空间。通常根据飞行管制和防空作战的要求、军事和行政区的界限、部队部署、靠近分界线机场的起降地带等划定。

为便于组织与实施飞行管制，在飞行管制区内可划分若干个飞行管制分区。飞行管制分区是指飞行管制区内划定的部分空间，通常在飞行管制区内的飞行活动频繁、机场密集或某些特定的地区划定。

机场飞行管制区是指实施飞行管制的机场区域。机场飞行管制区的范围与机场区域相同。

在中华人民共和国境内、毗连区、专属经济区及其毗连的公海的上空，划分若干飞行情报区。飞行情报区是指为国际飞行航空器提供飞行情报和为遇险的航空器发出搜寻救援通告而规定的空域。

航路、航线地带和民用机场区域设置高空管制区、中低空管制区、终端（进近）管制区、机场塔台管制区。

3. 航路与航线

在一望无际的天空中，实际上有我们看不见的一条条空中通道，它对高度、宽度、路线都有严格的规定。偏离这条安全通道，就有可能存在失去联络、迷航、与高山等障碍物相撞的危险。

1）航路　空中航路是指根据地面导航设施建立的供飞机作航线飞行之用的具有一定宽度的空域。该空域以连接各导航设施的直线为中心线，规定有上限高度、下限高度和宽度。

民航航路是由民航主管部门批准建立的一条由导航系统划定的空域构成的空中通道。在这个通道上，空中交通管理机构要提供必要的空中交通管制和航行情报服务。

航路的宽度取决于飞机能保持按指定航迹飞行的准确度、飞机飞越导航设施的准确度、飞机在不同高度和速度飞行的转弯半径，并需增加必要的缓冲区。因此，空中航路的宽度不是固定不变的。按国际民用航空公约规定，当两个全向信标台之间的航段距离在 50 海里（92.6km）以内时，航路的基本宽度为航路中心线两侧各 4 海里（7.4km）；若距离在 50 海里（n mile）以上时，根据导航设施提供飞机航迹引导的准确度进行计算，可以扩大航路宽度。

对于在空中航路内飞行的飞机必须实施空中交通管制。为便于驾驶员和空中交通管制部门工作，空中航路具有明确的名称代号。国际民航组织规定航路的基本代号由一个拉丁字母和 1~999 的数字组成。A、B、G、R 用于表示国际民航组织划分的地区航路网的航路，H、J、V、W 为不属于地区航路网的航路。对于规定高度范围的航路或供特定的飞机飞行的航路，则在基本代号之前增加一个拉丁字母，如用 K 表示直升机使用的低空航路，U 表示高空航路，S 表示超音速飞机用于加速、减速和超音速飞行的航路。

2）航线　飞机飞行的路线称为航线。航线确定了飞机飞行的具体方向、起迄和经停地点。航线按照起迄地点归属的不同分为国际航线和国内航线。

常听到开辟某某航线的新闻报道实际上是有一定技术要求和含义的，它按照飞机性能等一定要求选定飞行的航路，同时必须确保飞机在航路上飞行的整个过程中能时刻与地面保持联系。

航线可分为国际航线、国内航线和地区航线 3 大类。国际航线是指飞行的路线连接两个或两个以上国家的航线。在国际航线上进行的运输是国际运输，若一个航班的始发站、经停站、终点站有一点在外国领土上都叫做国际运输。地区航线是指在一国之内，各地区与有特殊地位地区之间的航线，如我国内地与港、澳、台地区的航线。国内航线是在一个国家内部的航线，又可以分为干线、支线和地方航线 3 大类。

4. 工作内容

通常航空管制工作在受理航空器飞行申请后，先对航空器的飞行计划实施飞行调配，解决航空器之间的飞行冲突，然后将飞行调配方案批复给飞行单位。在航空器飞行过程中，根据飞行动态，在三维空间中，利用时间间隔、地理位置间隔和高度间隔等方法，对航空器进行实时监控和调配，保证航空器安全、有秩序地飞行。

航空管制主要工作内容包含区域/航路管制、进近管制、塔台管制和空中交通报告服务 4 部分。区域/航路管制又包含高空区域管制和中低空区域管制，在有些地区这两项职能由同一部门承担。在空中交通流量较小的地区，进近管制和塔台管制是合二为一的。

根据国际民航组织的规定，航空管制必须与军事部门密切协调，或签订军、民航管制协议，向军事机关提供民用航空器飞行动态，便于军事机关识别空中目标。若军用航空器需要穿越航路、航线，需要同民航空中交通管制部门进行协调。遇有军事行动时，民航空中交通管制部门要服从军事机关的统一安排，采取相应的安全措施，其中包括改变民航班机飞行的航路、航线等。

1.1.2　航空管制的意义

从现代意义讲，实施航空管制是为了满足以下 4 个方面的需要。

1. 保证飞行安全的需要

（1）防止航空器空空、空地相撞，必须加强航空管制。1974 年～1991 年间统计了 13 年的失事情况，相撞事件占总数的 34%，其中最严重的是 1977 年 3 月 27 日荷兰航空公司的 747 客机与泛美航空公司的

747 客机在葡属加那利群岛圣克鲁斯机场地面滑跑中相撞，585 人遇难。小型军用飞机与民用大型飞机相撞不仅是经济损失问题，更重要的是在政治、外交、军事上造成很大影响。如 1971 年 7 月 30 日，日本 F—86 军机撞民航 727 客机善后处理工作费用超过 10 亿美元。

（2）飞行矛盾突出，必须实施严密的航空管制。飞行矛盾突出主要体现在以下几个方面。

➢ 飞行量不断增大。以民航为例，1978 年为 4 万多架次，1995 年 4 月至 1996 年 4 月为 100 多万架次

➢ 机型种类繁多，性能用途差异大。现在飞机种类有数十种之多，速度从 100km/h 至超声速，飞行高度从几十米至一万多米

➢ 飞行任务复杂，要求不一样。如专机要绝对保证安全，训练飞行则要按各种训练科目要求实施

➢ 飞行单位多，相互协调复杂。如机场密集地区，机场区域无法划开，穿云航线相互交错，飞行协调甚为复杂

（3）飞行与地面炮射矛盾突出，也需要严密的飞行管制。

2. 进行目标识别的关键手段

不论是在战时，还是日常空情的处理上，航空管制都是识别的重要手段。识别是确定一个空中目标身份的过程。在第一次世界大战初期，飞机活动很少受到敌机的阻挠，更多的威胁来自于地面部队。因为步兵往往只要看到飞机向他们靠近，就直接向飞机开火。随着战场上空作战飞机数量不断增多，区别敌我问题越来越迫切。于是将各种标志画在飞机的机身、机翼上作为识别标志。早期的敌我识别方法通常为视觉识别，即用肉眼或用光学仪器根据目标国籍的识别标志或目标特征进行识别。随着航空管制装备的研制和发展工作取得重大进展，尤其是航空管制二次雷达投入使用后，不仅改善了航空管制的工作手段，也为敌我飞机识别和连续监控提供了重要的物质基础。

纵观作战史，特别是有空中力量参加的作战行动中，对目标进行敌我识别是一个极为重要的问题。因目标识别不清而造成误伤的情况时有发生。到目前为止，还无法做到在任何作战条件下都能可靠地进行敌我识别。未来战争中，大量的空域用户只有在进行正确的敌我识别情况下，才能有效地遂行作战并避免误伤。因此，只有通过采取有效的空域管制手段，对所有空域用户的使用进行严格的管理和控制，才有可能进行严密的敌我识别，才能有效地实施指挥控制。随着技术的发展，空域管制系统设备不断更新，性能不断改进，管制人员素质不断提高，为有效地进行敌我识别，进而进行有效的指挥控制提供了条件。

3. 适应国土防空作战的需要

空防和航管是国家主权的象征，也是国家赋予军队的重要使命。空防负责保护领空安全，运用空情探测资源监视空中目标，判断处理空中来犯之敌，调动防空兵力予以打击。航管负责对所辖空域内航空器的飞行活动实施统一管理的控制，运用空情探测资源掌握空中动态，有利于准确掌握我机飞行动态，一旦空中出现不明飞行情况，能迅速澄清敌我，不仅要防止误敌为我，贻误战机，也要防止误我为敌，危及我机安全。

4. 保证要地安全和防止发生涉外事件的需要

1999 年 4 月 7 日，蒙古 JU9050 航班，在从乌兰巴托至天津飞行过程中，偏离正常航线最远距离达 120km，造成迷航。北京军区空军沿线有关管制中心利用航管设备，严密监控飞行动态，及时采取果断措施，派战斗机升空引导，使 JU9050 航班安全降落在天津机场，有效地维护了首都地区飞行秩序，确保了飞行安全。

由此可以看出，航空管制与飞行是矛盾的两个方面，既对立又统一。有飞行就必须有管制，管制是为了飞行，飞行要服从管制；管制要严密，从全局出发，统筹安排，保障飞得开，飞得安全；飞行要自觉地遵守各项航空管制规定，做到飞得好，飞得安全。

1.1.3　信息化战争中航空管制的特点

1. 战区环境复杂，空域资源紧张

现代战争已进入多兵种联合作战的时代。实现各军兵种信息的互联互通，打造一体化联合作战的平台是打赢现代战争的基本条件。战区空域是战场空间中十分重要的组成部分，联合作战各兵种在遂行作战任务时均要使用相应的空域。在电磁武器、防空武器、飞行器密集部署的情况下，空域资源变得十分紧张。因此，空域控制者只有连续掌握空域态势，才有可能动态分配空域使用权，实现空域资源的时分复用。

2. 战区管制对象种类众多，任务艰巨

战时空管、空防管理的对象多元化，流量大，密集程度高，时效性强，与其他军兵种交互频繁、联系紧密，需要依靠雷达及其他各种传感器、敌我识别/选择性识别、数据链和作战指挥控制系统的防空网络的其他组成部分等手段，对空中目标实施主动识别、跟踪和指挥。例如，远程警戒、引导兼航管一次雷达实现对空中非合作目标的远程实时监视；军机应答机和二次雷达配合工作，实现对空中合作目标的监视识别。

经联合作战指挥部批准后的空域管制计划，需要在作战责任区/联合作战区内发布。空域管制计划是通过空域管制指令的形式付诸实施的，联合作战各兵种必须遵照空域管制指令使用空域，其中包括火力支援和协调单位与空域管制、防空指挥之间的相互关系，战术航空兵控制系统与空中交通管制系统内部各组成部分之间的关系。

3. 各类信息交互频繁

空管空防的信息源主要有一次雷达、军/民航二次雷达、无源雷达、敌我识别询问机等监视信息，以及军航飞行情报和民航飞行情报信息。

这些信息在时域、频域及相关性方面存在着明显的不同，通过规范的互连互通标准对这些信息进行融合处理，并接入统一的指挥网，提高监视识别系统对目标探测的精度、连续性和预警探测覆盖范围，增强一体化监视识别的整体抗干扰能力和目标识别能力。因此，信息化战争中的航空管制系统应实现空管资源信息共享和综合利用，按照有关国军标的要求、规范与标准进行设计，确保空管与信息化作战系统的横向互连和纵向贯通。

通过建立综合航管情报中心实现空管信息与战区内其他系统交互，实现全国飞行情报、航管雷达数据，以及战区空域情报信息的汇集，并提供情报的订阅/发布服务；接收、处理、显示所需的航管雷达、ADS 数据、警戒雷达及其他非航管雷达综合情报数据，向各级指挥员提供及时、准确的空中态势和飞行动态信息；在作战指挥网范围内发送、接收飞行情报，通过与军航飞行情报网的连接，获取作战指挥网以外的军/民航飞行情报，并在作战指挥网内完成这些情报汇集，掌握战区及全国的飞行计划和动态；接收来自指挥自动化系统和其他管制中心系统的空域情报，汇集形成空域态势；接收、处理飞行计划数据，完成管制中心内部，以及管制中心系统与指挥自动化系统其他分队席位之间飞行数据的自动分发和交换，实现飞行数据传输、处理自动化。

1.2　航空管制方式

航空管制方式主要分为程序管制和雷达管制两种。程序管制是在没有航管二次雷达及其配套机载设备的条件下采用的一种管制方法。雷达管制是目前国际上广泛使用的一种管制方法，能够更加有效地防止航空器相撞，进一步提高飞行的安全程度。程序管制与雷达管制最大的区别是航空器间的间隔标准有明显差别。无论是航路飞行阶段，还是进近飞行阶段，程序管制间隔标准通常均比雷达管制间隔标准大。例如，在程序管制条件下，对同航线、同高度的航空器主要用时间来控制，两架航空器之间的纵向间隔为 10min，对于大型喷气运输机来说，大约是150km；在雷达管制条件下，对同航线、同高度的航空器主要用距离来控制，通常航路飞行为 20km，进近飞行仅为 10km，这些对增加飞行流量、提高空间利用率都有着非常重要的意义。

雷达监控下的程序管制是目前我国在由程序管制向雷达管制转变过程中的一个过渡阶段，是指航空管制人员在雷达监控条件下，使用程序管制的间隔标准，对航空器提供航空管制服务。这些服务通常包括根据雷达获得的航空器更新位置情报和偏离预计航线情报，向航空器提供雷达情报服务，在航空器偏离预计航线时提供咨询服务等。由于我国航管设施建设较为落后且不配套，加之在体制、方法和规章、标准等方面还需研究提高，目前我国的航空管制水平离国际水准还有一定差距，只在京广、京沪、沪广航路，以及郑州、武汉、长沙、珠海、厦门等部分地区实施了雷达管制，其他大部分地区仍然采用雷达监视条件下的程序管制，有些地区甚至是传统的程序管制。随着我国空管系统建设的不断推进，最终将在全国范围内全部实现雷达管制。

1.2.1　程序管制

1. 程序管制概述

程序管制是指航空管制人员根据飞行计划、飞行人员报告的航行诸元，利用通信、导航设施和雷达标图、领航计算等方法，掌握航空器飞行动态，监控航空器之间的各种间隔，使之保持规定安全间隔的一种管制方式，其目的是合理安排航空器的飞行秩序，调整航空器之间的安全间隔，保证飞行安全。程序管制工作的主要内容包括，对飞行计划进行审核，识别飞行冲突，制定飞行调配和飞行指挥预案，掌握飞行动态，调整飞行间隔，按规定进行管制移交。

2. 程序管制的地位与作用

由于本身技术的不完善，以及受设备技术的限制，早期的航空管制采用的是程序管制方式。这一时期形成并完善了目视飞行规则、仪表飞行规则，以及一整套行之有效的管制工作程序和工作方法，为随之而来的雷达管制奠定了良好的技术基础。随着雷达技术的发展，从 20 世纪中叶开始把二战时期发展起来的雷达技术应用于航空管制领域，产生并发展了雷达管制。但是，雷达购置和维护费用较高，在广阔的海洋上空和陆地上的一些偏远地区和不发达国家，程序管制仍然是航空管制的主要手段。如果不考虑经济问题，雷达也能履盖全球表面，但是一旦发生战争或由于特殊原因，雷达不能正常保障航空管制工作需要，此时还必须使用程序管制方式。这也是许多发达国家目前航空管制技能培训时仍然注重程序管制技能培训的主要原因。

3. 程序管制的流程与方法

1）离场管制

（1）航空器放飞前（通常在离场航空器预计起飞时间前 1h），通知气象部门做出天气预报，收集有关机场的天气实况，根据天气预报、天气实况，以及机场、航空器、飞行人员允许飞行的气象最低条件，再结合飞行任务性质，空勤组、航空器、地面的保障能力等情况，确定能否放飞；若能放飞转场航空器，则及时向上级航空管制部门提出放飞申请。

（2）确定航空器放飞后，按以下步骤进行离场管制。

①通知空勤组（飞行人员）进场。

②通知飞行指挥员和外场值班室组织有关人员进场，车辆在航空器预计起飞前 0.5h 到达起飞线。运输机转场飞行一般由航空管制人员担任指挥；歼击机、强击机、轰炸机或执行特殊任务的运输机转场飞行，

则由首长指定的飞行指挥员担任指挥。

③检查起飞场地及地面勤务保障设备的准备情况，跑道、滑行道和迫降地带有无障碍物，跑道上有无积雪、积冰等，草地机场有无坑凹、湿软之处，起飞线的布置和准备情况，通信、导航、雷达的准备情况。夜航飞行还应了解灯光设备是否良好，外场值班人员是否做好准备，各种车辆是否到场。

④签发飞行任务书。飞行任务书是航空器转场飞行的通行证。转场飞行的航空器获得批准放飞后，机场航空管制部门应当按照规定办理飞行任务书，并向飞行人员交待有关的注意事项。单机转场飞行时应填写一份；编队转场飞行时，填写一份即可，并由长机携带。机长在到达中途机场时，应将飞行任务书送交飞行管制室检查，由值班管制员签字后方可继续飞行，到达终点机场后应送交飞行管制室验收。

⑤开放有关设备。在航空器预计起飞前 10～15min，开放超短波电台和导航台，夜航飞行还应开放机场灯光设备。

⑥办理乘机或载物手续。运输机转场飞行，遇有人员搭乘或装载物品时，应当符合规定并且经过批准后，到航空管制部门办理乘机或载物手续。机场航空管制部门必须严格查验乘机证或空运物品证。

（3）航空器起飞后，按以下步骤进行离场管制。

①记录起飞线报来的航空器起飞时刻，迅速向上级航空管制部门、有直接通报关系的友邻机场管制室、雷达站、炮射靶场等有关单位发出起飞报。

②对空联络，及时向空中了解和通报有关飞行情况。

③视具体情况，适时通知外场勤务保障人员和保障车辆退场，关闭超短波电台和导航台，夜间飞行还应关闭机场灯光。

2）进场管制

（1）航空器接受前，与气象值班人员共同研究本机场、航线和邻近机场的天气情况，根据本机场的保障能力，确定能否接受航空器，并报上级航空管制部门。对由两个机场直接掌握放飞的转场飞行，则可直接通报起飞机场。

（2）航空器起飞前，做好指挥引导、临场调配、避让和特殊情况的处置方案，根据航空器的预计起飞时间，计算航空器的预达时刻。

（3）航空器起飞后，按以下步骤进行进场管制。

①接到起飞报后，迅速通报有关单位。

②降落机场应当根据转场飞行计划，组织接受转场航空器有关准备工作。适时通知飞行指挥员和外场值班室组织各种保障人员和车辆在航空器预计到达本机场以前30min到达工作岗位。在本场有飞行时，应将来场航空器的起飞时间和预计进入本机场区域的时间报告起飞线飞行指挥员。

③在航空器预计到场前开放超短波电台、导航台或雷达等设备，及时与航空器无线电联络，指挥航空器降落。如果由于地形影响，或者高速度航空器在上述时间内无法进入超短波电台和导航台的有效工作范围，也可根据具体情况，适当推迟开机时间。若系夜航飞行，还应适时开放机场灯光。

④对于连续起飞的转场飞行，在航空器着陆前，研究好天气情况，并与上级航空管制部门联系能否继续飞行，并将确定后的放飞意见通知飞行指挥员。若能继续飞行，应将航空器着陆和连续起飞的时间及时报告上级航空管制部门，并通知有关部门做好再次起飞的准备工作。

（4）航空器着陆后，机场航空管制部门应及时向上级航空管制部门和有关单位发出降落报，听取飞行人员汇报飞行情况，接收飞行任务书，安排好航空器的停放、维护、加油和警卫等工作，安排好空勤组人员的食宿或做好再次起飞准备。本场没有其他飞行时，通知外场保障人员、保障车辆退场，关闭超短波电台和导航台，夜航飞行还应关闭机场灯光。大队以上转场飞行，通常由指挥所具体组织实施，航空管制部门应积极协助指挥所做好上述各个阶段的飞行保障工作。

3）航路管制

（1）指挥前的准备工作。实施航线飞行指挥前，应根据飞行计划和天气情况，周密地做好准备工作，通常准备工作主要包括以下内容。

①准备好飞行计划和通信资料，熟悉管制区域内航线飞行的有关规定，特别是管制区域内航路（航线）飞行的安全高度，熟悉实施飞行动态监督的要求和方法；进行准确的领航计算，明确各机进入与脱离本管制区，预达各位置报告点和通过航路（航线）下方机场的时刻；计算各阶段的剩余油量。

②了解本管制区域范围内（航线、降落机场、备降机场）的天气预报和天气实况。了解本管制区（分区）范围内军/民航及附近有关机场的飞行活动情况。了解本管制区域内的对空射击场、发射场、炮兵射击靶场、射击点的射击，或者发射的时间、范围、弹道高度，以及防止误射航空器的安全措施。了解临时禁区的飞行规定，与有关部门共同制定绕飞方案。了解有关的通信、导航资料和地空通信规定，询问导航和雷达设备的工作情况，准备好有关的指挥用具。熟悉航路、航线飞行阶段的指挥交接规定，明确实施指挥交接的内容和办法。

（2）航路（航线）飞行指挥各阶段的工作包括以下内容。

①进入指挥区域的航路（航线）飞行指挥工作：

➤ 沟通联络。航空器从本飞行管制区内的机场起飞时，在飞机预计起飞前15min，开始进行无线电守听。航空器从其他飞行管制区飞入（飞越或在本管制区域着陆）时，应在航空器预计进入本管制区边界或到达指挥交接点前30~15min，开始进行无线电守听。当听到飞行人员呼叫本区域或航空器进入指挥区域时，及时沟通联络，并开始实施指挥

➤ 适时指挥。根据收到的航空器起飞时刻（起飞报），通过领航

计算、对空台报告或收到飞行人员报告的预达本指挥区域的时刻后，适时进行指挥。指挥的方法是，根据相关飞行活动情况，通过调整飞行间隔、指示在等待空域飞行、盘旋等待或改变航行诸元等方法，适时调开飞行冲突

➤ 提供飞行情报。根据本指挥区域特点和飞行指挥要求，及时向空勤组通报有关飞行动态（顺向、相对、交叉飞行及沿航线附近的其他飞行活动）和天气情况（航线、中途机场、备降场、降落场及危险天气）

➤ 严密监督。根据航空器的位置报告，按地速推算预达下一报告点、检查点、中途机场、降落机场或备降机场的时刻，充分利用雷达和导航设备，检查航空器的航迹、位置、高度和速度，监督飞机按预定航线和间隔标准飞行。当航空器飞越位置报告点时未报告，应主动呼叫航空器，询问飞行情况

②飞越中途机场的航路（航线）飞行指挥工作：担任航线飞行指挥的中途机场，在航空器预达中途机场区域前 30 ~ 15min，应及时与飞行员沟通联络，开放导航设备。了解过往航空器的飞行高度及有关飞行情况，掌握机场区域的天气情况和当时的飞行动态，指挥训练飞机避让过往航空器，调开飞行冲突，保证其安全、顺利地通过，没有特殊原因，不得改变过往航空器的航线和高度。当航空器与担任航线飞行指挥的中途机场联络时，负责航线指挥的航空管制人员应坚持守听，并在航空器飞越中途机场后继续实施指挥。如果航空器到达中途机场区域前，因某种原因未能保持原航线、原高度飞行时，负责航线飞行指挥的航空管制部门应及早将变化的情况通知中途机场，中途机场应及时组织避让。

③飞越指挥交接点的航路（航线）飞行指挥工作：航空器航线飞行指挥和空地交接在军民航的管制部门之间进行。军航航空管制部门与民航空中交通管制部门要按照指挥责任区的划分，制定指挥协议，规定指挥交接的时限、内容和方法，适时进行飞行管制协调和指挥交接。在一

个飞行空域内，对航空器实施飞行管制，应当只有一个航空管制部门或实施飞行管制的飞行指挥单位承担。由航空管制部门负责指挥的航空器飞入相邻飞行管制区域前，航空管制部门应进行指挥移交。移交方航空管制部门应将被移交航空器的飞行计划有关内容和飞行动态，以及可能需要调整和改变的航行诸元等内容通报给接受方的航空管制部门并进行协调。接受方航空管制部门应根据移交方航空管制部门提出的条件，表示是否有能力接受对移交的航空器实施飞行管制。飞行管制区域的边界通常为管制移交的分界线。实施交接时，移交方应在航空器飞入接方区域并同其沟通联络后，方可结束指挥；接受方应及早掌握飞行情况，适时与飞机沟通联络接替指挥。正常情况下应早接晚交，防止指挥中断。

④脱离指挥：航线飞行的航空器飞越指挥交接点、航线终点、进入（退出）空中走廊或进离场航线、到达降落机场区域时，负责航线指挥的航空管制部门（分区或指定的航路机场）即可与航空器脱离指挥。一般情况下，在航线指挥范围内，航空器与降落机场的塔台联系好，并已取得明确指示，且与该指挥区域内其他航空器无冲突，即可中断指挥，但不应过早，防止出现意外问题时联络不上，失去指挥时机。图1-1所示的是程序管制员在标图。

图 1-1　程序管制员在标图

4. 程序管制的职责与规定

1）程序管制单位职责

（1）国家空中交通管制委员会办公室组织拟制全国空管系统建设的发展方针、政策及中长期发展规划，组织拟制全国性的航空法规和飞行管制规章，并监督执行；规划和安排军民航年度空管建设；负责全国空域管理工作，掌握空中交通管制情况，协调军航、民航之间的重大飞行矛盾；承办空中交通管制委员会交办的其他事项。

（2）空军司令部航空管制部统一组织与实施全国的飞行管制工作，掌握和监督飞入、飞出我国国界的飞机，以及飞行管制区间的飞行活动。

（3）军区空军具体组织与实施本飞行管制区内的飞行管制工作和有关转场的航线指挥、调配、监督本飞行管制区内各分区间，以及过往飞机的飞行活动。

2）飞行申请规定　所有飞行必须预先提出申请，经批准后方可实施。

（1）获准飞出或飞入中华人民共和国领空的航空器，实施飞出或飞入中华人民共和国领空的飞行和各飞行管制区间的飞行，必须经中国人民解放军空军批准；飞行管制区内飞行管制分区间的飞行，经负责该管制区飞行管制的部门批准；飞行管制分区内的飞行，经负责该分区飞行管制的部门批准。

（2）民用航空的班期飞行，按照规定的航路、航线和班期时刻表进行；民用航空的不定期运输飞行，由国务院民用航空主管部门批准，报中国人民解放军空军备案；涉及其他航空管理部门的，还应当报其他航空管理部门备案。

（3）战斗飞行按照战斗命令执行，飞机起飞前或起飞后必须及时通报飞行管制部门。

（4）对未经批准而起飞或升空的航空器，有关单位必须迅速查明情况，采取必要措施，直至强迫其降落。

（5）转场航空器的起飞，机场区域内、外飞行的开始和结束，均应当遵守预定的时间；需要提前或推迟起飞时间的，应经上一级飞行管制部门的许可。

（6）转场航空器超过预定起飞时间 1h 仍未起飞，又未申请延期的，其原飞行申请失效。

（7）组织与实施通用航空飞行活动，必须按照有关规定履行报批手续，并向当地飞行管制部门提出飞行申请。飞行申请的内容包括任务性质、航空器型别、飞行范围、起止时间、飞行高度和飞行条件等。各航空单位应当按照批准的飞行计划组织实施。

（8）在中华人民共和国领空飞行的航空器，必须标明明显的识别标志，禁止无识别标志的航空器飞行。无识别标志的航空器因特殊情况需要飞行的，必须经中国人民解放军空军批准。航空器的识别标志必须按照国家有关规定获得批准。

1.2.2　雷达管制

雷达管制是指管制员直接使用雷达信息对航空器实施飞行管制，即航空管制人员使用航管一次、二次监视雷达，依据雷达显示器上显示的航空器位置、代码、航迹、飞行高度和时间等综合图像信息，监控飞行活动，使飞行中的航空器之间保持规定的垂直、纵向或横向安全间隔。在雷达管制时，航空管制人员能够从雷达显示器上直接得到航空器的有关信息，比程序管制环境更具有直观性和准确性，更能有效地防止航空器相撞，保证飞行安全，同时可以大大增加空域的飞行容量，提高飞行空间的利用率。

雷达管制按照所管制的区域划分，可以分为区域雷达管制和进近雷达管制。雷达管制按管制员提供的雷达管制服务的性质不同又可分为雷达监控、雷达引导和雷达间隔。

1. 雷达管制的概况

1）国际上雷达管制发展概况　利用雷达显示的信息实施航空管制始于 20 世纪 50 年代，实际上，直到 20 世纪 60 年代中期才真正在航空器之间实施了雷达安全间隔，为雷达管制的普及和迅速发展奠定了基础。20 世纪 90 年代，雷达管制已经作为一种先进的管制方法得到广泛使用。图 1-2 所示的是雷达管制大厅。

图 1-2　雷达管制大厅

1950 年初，雷达开始应用于空中交通管制工作，并逐渐成为管制空中交通活动的基本手段和基本工具。当时主要使用两种类型的一次监视雷达，一种是供塔台使用的机场监视雷达，它是作为中程雷达设计的，探测距离大约为 50mile，一般工作于 S 波段（2700～2900kHz）；另一种是供空中交通管制中心使用的航路监视雷达，探测距离约为 200mile，探测高度约为 4000ft，一般工作于 L 波段（1280～1350kHz）。随着这两种雷达的使用，空中交通管制员迫切需要拥有优于一次雷达的目标分辨能力和识别被监视航空器的能力，同时又不会因为进行雷达识别而增加飞行人员进行机动飞行或地空通信联络工作负担的新型雷达。

1958 年，美国在纽约对正在研制中的雷达设备样机进行了评估，并在 1960 年初开始使用地面问询机、机载雷达、信标机和其他相关设备，它们被统称为空中交通管制雷达信标系统，即二次监视雷达（Secondary Surveillance Radar, SSR），以减少空中交通管制人员和飞行人员的通话量，协助空中交通管制人员判别两架航空器之间是否保持规定的安全间隔。但是，此时的空中交通管制仍基本属于程序管制阶段，领航计算、飞行冲突分析和解决、飞行数据的显示及处理仍然依靠手工完成，空中交通管制人员与飞行人员之间、空中交通管制人员之间的相互联络主要依靠语音通信，无论是一次监视雷达，还是二次监视雷达，基本上还是用于空中交通监视，辅助空中交通管制人员的工作。为了使航空器之间保持规定的安全间隔，调整进出终端区的空中交通流量，空中交通管制人员还需要借助雷达显示器对每一架航空器进行引导，由于此时的雷达系统尚不具备气象信息处理和显示能力，因此还存在将航空器引导到颠簸、雷暴等危险天气中的可能。另外，雷达系统还存在着诸如缺少足够的低高度覆盖能力，不能对全部空域进行监视，雷达设备工作不稳定，故障率较高，缺少足够的目标分辨率，目标重选，虚假目标和丢失目标等问题。

雷达管制得以全面实施是从 1960 年初开始的，此时的空中交通管制系统已经采用了自动化设备，输入系统的数据更加可靠和准确，系统的工作程序和产生的最终输出数据更加有效，从而加快和提高了空中交通管制的工作过程，大大减少了人为错误，增加了空中交通活动的安全程度。此时的空中交通管制系统具有以下 5 个特点。

➤ 具备了雷达数据的自动化处理能力，能够自动跟踪航空器的空中活动，在进行航路管制时，可以提供由计算机生成的、采用数字化方

式显示的航空器飞行信息标识和数据，提供具有机载应答机的航空器的高度信息

➤ 增加了气象信息显示子系统，可以向空中交通管制人员提供重要和危险天气的相关信息，改进空中交通管制的气象咨询服务

➤ 在工作中采用了雷达安全间隔标准。例如，规定若航空器在雷达天线 40mile 范围内飞行，两架航空器之间的最小间隔为 3 n mile；若在 40mile 以外飞行，则最小间隔是 5 n mile 等

➤ 在雷达有效性能范围内给每一架航空器都提供了一个保护空间，俗称为"保险箱"，其高度为 1000ft，宽度和长度均为 3mile；在测量不精确的情况下，"保险箱"的尺寸需要扩大为高度 2000ft，宽度 120mile，长度 100mile

➤ 从 1969 年开始出现了"区域导航"，它是指在基于地面台站和机载导航设备的性能范围内，或者在二者的综合作用范围内，满足航空器自由选择飞行路线的一种领航方法，其工作的基点在于准确掌握空中交通动态和航空器的飞行航迹，故雷达管制为实施区域导航提供了可能性

2）我国实施雷达管制概况 新中国成立以来，我国的航空管制一直处于程序管制阶段。20 世纪 70 年代中、后期，京沪航路上的飞行量逐渐增大，原有的航空管制设备已不能满足需求。从 1974 年起，我国从法国汤姆逊公司引进了第一套自动化管制设备，安装于北京—南京—上海航路上，由军/民航共同使用，但此时的雷达并非真正用于雷达管制，而仅仅是作为程序的一种监视手段和监视方法。在"八五"、"九五"期间，我国陆续在东部地区和西部部分飞行繁忙地区安装了一批自行研制的和从美国、日本等国引进的自动化航空管制设备，此阶通常被称为"雷达监视下的程序管制"。到 20 世纪末，我国基本上完成了已有军航、民航航空管制设备的改造、更新和完善工作，初步建成了初具

规模、技术较为先进、军/民航共用、资源共享的航空管制系统。为满足航空运输飞行和实施航空管制的需要,我国将逐步开始对沈阳、北京、西安、昆明一线以东地区及其他地区的部分国际航路提供雷达管制服务,但对其他地区仍实行雷达监视。军航在"九五"期间逐步更新、完善了分区以上管制中心的设备建设;加强了与民航管制区域相对应的飞行管制区、飞行管制分区及主要航路机场航空管制中心的建设;加强了与民航空中交通管制系统的联网。目前,我国民航系统已经在广州、北京地区,以及上海的虹桥机场和浦东机场区域实施了雷达管制。

2. 雷达管制的任务

雷达管制是航空管制的一个发展阶段,也是航空管制工作一种更为先进的方法和手段。雷达管制的任务包括监督飞行活动,掌握空中动态,维护飞行秩序,防止航空器相撞,保证飞行安全,加速有秩序的飞行流量等。具体地说,雷达管制具有以下 7 种职责和任务。

(1)提供必要的雷达服务,改善空域的使用,提供更多的直飞航路和更合理的飞行剖面,减少飞行延误,增加飞行活动的安全程度。

(2)对航空器提供雷达引导,发现和解决潜在的飞行冲突,协助航空器驾驶人员进行导航,如飞向或飞离指定的无线电导航设备,飞离或绕开恶劣天气区域等。

(3)对航空器的飞行动态进行监控,向非雷达管制人员提供航空器的位置情报、明显地偏离预定航线与飞行高度,以及有关飞行的其他信息等。

(4)在离场航空器之间、进场航空器之间,以及离场航空器与进场航空器之间提供雷达安全间隔,保持正常的飞行流量。

(5)对离场航空器提供雷达引导,使离场飞行流量得到迅速、有秩序的控制,同时使离场航空器能够迅速上升到规定的飞行高度层。

(6)对进近航空器提供进近管制服务,如对进场航空器提供雷达引导，安排好合理、迅速和有效的进近次序；将进场航空器引导到可以由航空器驾驶人员判读的最后进近设备上空或可以完成目视进近的关键点；对其他航空器驾驶人员实施的进近提供雷达监控。

（7）对目视飞行规则飞行提供辅助导航，监视机场附近的其他航空器。

3. 雷达信息显示要求

雷达管制员通过雷达显示器上的雷达信息实施雷达管制，管制单位使用的雷达显示器上的雷达信息分为雷达视频图信息和动目标信息，至少包括雷达位置指示和雷达地图资料。

1）雷达视频图信息　在实际管制工作中，由于管制目的和管制任务不同，不同管制单位的雷达视频图信息也不尽相同，但通常应包括显示范围内的所有机场，各机场跑道中心延长线和最后进近航道，显示范围内所有导航台，报告点和主要地标点，显示范围内所有航路，航线和空中走廊，管制区管制区段（扇区）边界线，管制移交点，影响航空器安全飞行的障碍物和永久地物等。

2）动目标信息　管制单位雷达显示器上空中航空器的动态信息分为雷达位置指示信息和雷达数据标牌。雷达位置指示信息通常包括雷达位置符号和一次、二次雷达标识（一次监视雷达回波光点，二次监视雷达应答）。一次监视雷达回波光点是一次监视雷达获取的以非符号形式在雷达显示器上显示的航空器位置目视指示。二次监视雷达应答是以非符号形式在雷达显示器上显示的二次监视雷达回复询问信号的目视指示。雷达数据标牌是为管制员提供的用于显示雷达航迹的飞行数据和雷达数据的数据块（分为全数据标牌、简数据标牌和雷达目标数据块）。全数据标牌用于已与飞行计划配对的雷达航迹，并且只在对该航空器拥有管制权的管制区域内显示。全数据标牌显示的内容因管制目的不同（航路上、终端区、等待区）而有所不同，但一般应包括告警信息、航空器标志、指定飞行高度、高度状态指示符、报告高度、报告高度指示符和地速等信息，在终端区还显示跑道方向和机型信息。简数据标牌用于与飞行计划配对或未配对的雷达航迹，并且在对该航空器没有管制权的管制区域内显示。简数据标牌显示的内容因管制目的不同（航路上、终端区、等待区）而有所不同，但一般应包括告警信息、二次雷达代码、飞行高度、地速（磁航向）等信息，在终端区还显示跑道方向和机型信息。雷达目标数据块用于在旁路工作方式下，为管制员提供有限的几种信息，包括二次雷达代码、有效的飞行高度、有效的地速。

4. 雷达间隔最低标准

1）我国雷达间隔标准

（1）区域管制范围内，雷达间隔最低标准为 10km。

（2）进近管制范围内，雷达间隔最低标准为 6km。

（3）在相邻管制区之间都实施雷达管制时，协调前，雷达管制的航空器与管制区边界之间的间隔为进近管制不得小于 3km，区域管制不得小于 5km。

（4）在相邻管制区实施非雷达管制时，协调前，雷达管制的航空器与管制区边界之间的间隔为进近管制不得小于 6km，区域管制不得小于 10km。

2）国际民航组织建议标准　国际民航组织文件《空中交通管理》中建议，在距离跑道末端 18.5km 范围内，对于已经建立了同一最后进近航迹的前/后航空器之间，雷达间隔最低标准可以减小至 4.6km。但是，使用上述雷达间隔标准时，通常应当满足下列 7 个条件。

（1）通过数据采集、统计分析和基于理论模型的方法，证明着陆的航空器平均占用跑道时间不超过 50s。

（2）报告的刹车效应好，且跑道上的污染物（如湿雪、雪或冰）不会影响航空器占用跑道的时间。

（3）雷达系统具有对应的方位、距离分析能力，雷达信息更新速率不大于5s，并在相应的雷达显示器上显示。

（4）机场管制员能够通过目视，或者使用地面活动雷达、地面活动引导和管制系统观察到使用跑道的情况，以及退出、进入跑道的滑行道的情况。

（5）没有应用尾流雷达间隔最低标准。

（6）管制员能够密切监视到航空器的进近速度，并且当情况需要时，能够及时调整航空器的速度，保证航空器之间的雷达间隔不小于最低标准。

（7）当在最后进近中应用了缩减的最低雷达间隔标准时，要使航空器完全明确需以快速方式退出跑道。

图1-3所示的是ICAO建议的雷达间隔。

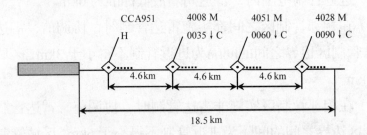

图 1-3　ICAO 建议的雷达间隔

1.2.3　雷达监视下的程序管制

在提供雷达情报的情况下，采用程序管制方式进行的管制，称为雷达监视条件下的程序管制。该方法具有上述程序管制概念的基本特征。同时，雷达监视系统向程序管制员提供有关受管制的航空器位置信息、高度信息的变化、其他与飞行相关的补充情报，以及航空器显著偏离空中交通管制许可的信息，包括许可的飞行航线及飞行高度。

雷达管制模式需要完善的基础设施提供支持，在管制空域内要求实现雷达的多重覆盖。根据我国幅员辽阔，飞行流量不均衡，基础设施（雷达等）建设不能一步到位的情况，我军论证并提出了一种新的管制模式——雷达监视下的程序管制，即根据获取的雷达情报、飞行计划推算信息为空中交通管制提供服务。我国东部飞行繁忙地区采用雷达管制模式，其他地区采用雷达监视下的程序管制模式。新管制模式对系统的主要要求包括，提供全程监视能力，以及计划和航迹的自动相关；管制区之间情报的自动交互和管制权限的自动交接；提供冲突识别和冲突解脱的能力，当飞机与飞机之间或飞机和障碍物之间可能发生危险接近时提供安全预警和告警，并提供解决方案。

新型管制模式的提出，既满足了我国当前和今后一段时间飞行流量增长的需要，又为国家节省了大量的基础设施建设经费，已被国家空管委确定为我军空中交通管制的一种主用模式。

1.3　战区联合航空管制

1.3.1　军事航空管制

军事航空管制系统是国家空防体系的一个重要组成部分，它担负着我国领空管制、协助空中目标的识别和参与异常空情处置，以及担负防空作战任务，无论平时和战时，都掌握着军用航空器的飞行活动，以及国际、国内民航班机和其他民用航空器的飞行活动，监视着空中飞行动态，从其目前应用的现状、未来的发展和国外的经验来看，在国家空防体系中具有不可或缺的地位和作用。建国以来，我国的航空管制工作一直是由国务院、中央军委授权空军负责统一领导并组织实施。1986年，国务院、中央军委空中交通管制委员会领导全国的飞行管制工作后，空军"组织实施全国飞行管制工作"的职能仍未改变。

空域是国家的重要资源，也是各型各类飞机活动的共用场所。发展现代化空中交通管制系统可以为管理空域与空中交通活动提供先进的手段。建立集中统一的空域管理与空中交通管制的专门机构，才能实现有序的管理，从而有效地保证飞行安全。随着空中力量的迅猛发展和作战能力的不断提高，空中力量已成为现代战场上的关键力量之一，尤其自 20 世纪 90 年代以来，供空中力量活动的空中战场已成为高技术局部战争的关键战场，对战争的进程和结局产生了重大乃至决定性的作用。与地面战场不同，空中战场不可能根据地域严格区分，同时由于空中战场内大量存在着敌我飞机和其他诸如战略导弹、高炮火力等武器系统，因此如何合理使用空域并使空域的使用效能提高的航空管制措施，便成为提高作战效能、减少误伤和降低敌作战效能等方面的关键。

空域管制是组织、协调和控制空域使用，以增强军事行动效能的活动。空域管制指挥官没有批准、不批准或否定作战行动的权力，这种权力仅属于作战行动指挥官。空域管制的目的在于向作战行动指挥官提供作战时空域使用上的灵活性，以便在联合作战的战略性战役或战役中有效地使用部队。

1.3.2　战区空域管制

战区空域管制是指通过提高空域使用的效率、安全性和机动性，减少对友方使用空域的限制，从而增强作战效能。战区空域管制的目的是通过有效的空域管制，提高空中、陆地、海上和其他特种作战部队等军事力量的作战效能，以实现联合力量作战指挥官的作战企图。战区空域管制的主要目标是追求作战行动效果的最佳化；战区空域管制应尽量减少对作战行动的不适当的限制，且应最大限度地降低对联合力量各兵种作战能力造成的负面影响。

在作战行动中，对战区实施有效的空域管制是取得作战行动胜利的重要保障。战区的空域是战场空间中十分重要的组成部分，联合力量和多国部队各兵种在遂行作战任务时均要使用这一空域。为了实施联合力量指挥官的战役或战略性战役作战计划，己方高度集结的地（海）面、地（海）面下和空中发射武器系统将同时使用这一空域，在此过程中，不能对己方部队作战能力的发挥造成不必要的制约。为防止空域使用者出现相互干扰甚至误伤的情况，便于防空识别，安全有效地调配和控制，加速战区内的空中交通流量，提高作战效能，应对此空域内的各种武器系统和作战力量进行有效的管制。第二次世界大战中的西西里战役中，由于同盟国参战的陆、海、空军各方未能建立航空管制协调机制，1943年7月11日夜，美军实施空降作战，当144架满载伞兵的运输机飞往意大利西西里时，误遭己方地面和舰艇炮火拦截，23架运输机被摧毁，多架运输机遭重创，人员伤亡惨重。此后，军事航空管制的机构设置、法规建设和管制设备的发展与使用得到重视，开启了民用、军事航空管制兼容并行发展的新局面。20世纪90年代初的海湾战争期间，美国空军实施了历史上最大规模的航空管制，成立了集中统一指挥的空域管制局，通过对战区内各类空域实施有效的管理与管制，保证了空中进攻作战的顺利实施。

1.3.3　战区空域管制机制

20世纪50年代中期，美军提出集中指挥控制，不久中国台湾军方便提出了战管合一。所谓的战管合一，实际上即是集中指挥控制。

空域管制系统的组织形式可因指派的任务、联合部队指挥员对该军事行动的理解和参与该行动的军事力量的不同而不同。一般来说，联合部队指挥官通常会任命一名联合部队空军指挥员，负责对空军作战及空域管制等行动的指挥和协调。同时，为了空域管制方法和防空行动间的密切联系，负责空域管制的指挥员与防空作战指挥员通常应由一人担任，此人还可以是联合部队空军指挥员。

联合部队的陆、海、空军和第二炮兵等军兵种指挥员应向联合部队指挥员就所属军兵种内部的人员使用、指导原则和指挥控制等方面提出合理建议。在联合部队指挥员的领导下，联合部队的各军兵种指挥员（尤其是空军指挥员）应履行以下 6 项职责。

（1）对所属部（分）队的防空武器系统实施指挥与控制。

（2）与参加军事行动的各级指挥官进行协调，消除各部（分）队之间在空域使用和其他资源使用方面的冲突。

（3）根据上级命令指示与（或）空域管制计划中的程序，在空域管制部门划定的空域内提供空域管制服务。

（4）按照空域管制计划进一步提出空域管制方法。

（5）制定空域管制计划的原则，提出详尽的空域管制指令、计划和程序。

（6）在指定的交战地区，为实现有效的空域管制提供必要的设备和人员，并且把这些组成空域管制部门的设备和人员列入空域管制计划中的一部分。

每一名联合力量军兵种指挥官根据作战任务的要求，计划与执行全部空中军事行动的相关部分，且这些空中军事行动的相关部分之间存在着相互影响。

在联合力量指挥官的授权下，空域管制指挥官应制定一些指导规则和协调程序，以便协调进行空域管制和协调战区内的各作战部（分）队的空域活动。空域管制指挥员要着手建立一个空域管制系统，这个系统要符合联合部队指挥官员要求，同时要使空域管制系统和现行的航空管制系统协调一致，并使空域使用者们的需求互相协调，以减少他们之间的冲突。空域管制指挥官制定空域管制计划，经联合部队指挥员批准后，在战区内发布，这些作战部（分）队根据此管制计划行事。空域管制计划的执行是通过空域管制命令来实施的，联合作战的各参战部（分）队必须严格遵守和执行空域管制命令。需要指出的是，空域管制指挥员的这种集中指导并不意味着对任何在空域内活动的飞行器进行军事上或战术上的指挥。

空域管制指挥官的职权主要是统一、协调对管制空域的使用。成功地实施防空作战行动，要求对所有的防空系统进行合理的综合运用。防空作战行动还必须与其他作战行动相配合，这些作战行动既可能发生在陆地或海面，也可能发生在陆地或海面上空。

1.3.4　战区空域管制的意义

未来局部战争无疑是诸军兵种联合作战，战区空间狭小，目标众多，飞机批次多，飞行器种类多、性能不同，涉及空域、航线多，随着任务变化空域和走廊、航线的设置也将随之发生变化。战区空域管制在未来联合作战中的地位和作用是通过提高使用空域的效率、安全性和机动性，减少对友方使用空域的限制，从而增加作战的效能。

随着空中力量的迅猛发展和作战能力的不断提高，空中力量已成为现代战场上的关键力量之一。对战争的进程和结局产生了重大乃至决定性的作用。在战场三维空间中，空中活动是最直接、最灵活、最富有杀伤力的一维，被称为联合部队的"第三侧翼"。与地面战场不同，空中战场不可能根据地域严格区分，同时由于空中战场内诸多的空域使用者在使用空域时就存在着一个空域使用效率的问题，而空域使用效率的高低又是事关空中军事斗争效能的关键因素。要提高空域使用效率，必须进行有效的空域管制。对所有空域使用者进行协调，通过减少空域使用者之间的矛盾，尽最大可能满足各空域使用者的需求，最大限度地发挥各空域使用者的效能，从而提高整体作战效能。二战后的局部战争，特别是越南战争、海湾战争和科索沃战争的经验教训，能充分说明空域管制对提高作战效能的重要作用。

越南战争期间，美国各军种空中力量在越南北方的作战行动是通过划分作战责任区的方式进行的，共划分了 7 个作战责任区，分别由各军种独自使用。这种方法避免了军种之间的任务冲突，简化了空域协调环节，但此举明显限制了空中力量的灵活性，使各作战责任区之间很难相互支援配合，进而不可避免地对空中作战产生负面影响。战役进程被迫延长，如"滚雷"空中战役原计划在数月内完成，却断断续续地进行了 3 年 8 个月之久。这次战役虽然给越方造成了很大损失，但由于空域管制不得法，以致兵力使用不集中，也是战役未能达到预期目的的原因之一。

在海湾战争期间，由于指挥官预见到在大规模的空中打击行动中将会出现空域爆满的情况，中央总部参谋人员便制定了计划，一旦有危机发生就征用美国的空中交通管制人员及装备用于战区空域管制。美军曾在其指挥机构中配备了 161 名管制员，并为驻在国管制机构配备了 85 名管制员，在联络机构中增加了 60 名管制员，在中央总部空军参谋部中增配了 14 名管制员，协助管理战区空域。陆军、海军和海军陆战队也部署了制式战斗空中交通管制装备和管制员，以保障直升机、海军陆战队及航母舰载机的作战使用。在"沙漠风暴"行动中，需要加以监视和管制的区域、地域、航线和空域的数量极大，其中包括 160 个限制作战地域，122 个空中加油空域，32 个战斗空中巡逻区，10 条航空转运航线，36 个训练空域，76 条突击航线，60 个"爱国者"地空导弹作战区，312 个导弹作战区，11 个高密度飞机管制空域，195 条陆军航空兵飞行航线，14 条空中走廊，46 条风险最小航线，60 个火力限制地域，17 个空军基地防御区，多个海军"宙斯盾"系统作战区。空域管制人员在这种复杂的空域结构中有效地管理了多国、多军种的航空兵每天3000 架次的飞行，保证了作战行动的有序进行和武器装备性能的充分发挥。同样计划数个月的战争却只进行了 38 天的空中打击和 4 天的地面作战，便达成了迫使伊拉克从科威特撤军的战略目的。

在科索沃战争"联盟力量"行动中，随着作战飞机的日益增多，北约遇到的一个最严重的问题便是在非常狭窄的空域里如何避免空中相撞问题。由于恶劣天气和 E—3 空中预警指挥机提供的不准确的战斗管理信息，一直存在着可能导致空中相撞的情况。为了减少空中交通矛盾，北约计划人员精心地划分空域，使每个特定区域只能有数量不多的飞机活动，这样飞机可以在指定空域内搜索和攻击目标。战后，驻意大利维琴察空军基地（北约作战飞机最集中的机场）的一些飞行员说，尽管存在空中相撞的危险，但空袭进行得很顺利，北约空中力量之所以未发生更多的协同问题，主要得益于空中管制调配的相应措施。

通过对海湾战争和科索沃战争中的空中管制分析可以看到，虽然海湾战争和科索沃战争是在特定环境条件下发生的敌对双方实力悬殊的战争，这两次战争并无普遍性意义，但是从现代高技术局部战争中的空域管制工作来看，有些问题是值得研究和借鉴的。

第二章

■

纵观发展历史

2.1 航空管制发展历史

2.1.1 早期的航空管制

航空管制是随着航空事业的发展而产生和发展起来的。自从 1903 年 12 月 17 日莱特兄弟制造并成功试飞了世界上第一架飞机后,航空事业的发展进入了一个新阶段。在发展初期,飞机数量少,飞行速度小,几乎没有什么飞行冲突,飞行员可以随心所欲地自由飞行。后来随着飞机数量增多,飞行活动日益频繁,开始出现飞行冲突,人们便开始探索如何控制与指挥飞行中的飞机,以保证飞行安全。1910 年在维也纳发生人类历史上第一起航空器空中相撞事故后,人们对保障航空安全和畅通的意识逐渐强化,开始不断地探索对飞机的有效监控和管理手段。1919 年欧洲部分国家在巴黎签订了航空公约,即《巴黎公约》,首次确认了对本国领空享有主权,并决定设立国际航空委员会,研究处理与国际航空有关的问题。在同一时期,我国当时的北京政府交通部参照了英、法等国航空规则,制定了《航空条例草案》七十五条,明确提出了飞行员要注意观察,自行互相避让,防止相撞。图 2-1 所示为早期的管制员 ARCHILE LEAGUE。

图 2-1　早期的管制员 ARCHILE LEAGUE

早期对飞行活动的管理都是以目视为基础的。20 世纪 20 年代中期，航空管制仅限于机场空域。最初，管制人员主要使用望远镜、信号弹和手旗进行管制。地面管制员通过红、绿两色的信号旗指挥飞机的滑行和起降，通过机场跑道设置的信号灯及醒目的标志物对空中飞机进行引导指示；飞行员通过目视观察获取管制员或指挥员的指令，判断飞机之间、飞机与障碍物之间的距离间隔。由于位置判断和指令传递完全基于目视环境，早期的飞行受天气和地形的影响较大。为避免迷航，一般要按照事先标绘的航图，沿着比较醒目的地理标志，如公路、铁路、河流和山川等飞行。同时，天气的能见度也是判断飞机能否正常飞行的重要指标。地面对飞机的目视监视仅限于飞机在起飞机场飞出视线范围前的一段时间，以及飞机在目的机场降落前的一段时间。除此之外，在飞行的中间过程，管制员只能怀着期待的心情耐心等待，无法掌握飞机的准确位置。最早出现的飞行规则也是基于目视观测的目视飞行规则。

随着飞机性能的改进（如飞行速度增大）和飞机数量的进一步增多，单靠飞行人员目视观察自行避让已无法保证飞行安全。例如，飞行员从发现其他飞机反映到大脑做出避让动作，直到飞机姿态发生变化一般需要 5.445s，如果相对飞行速度达到 2000km/h，其中一个飞行员就必须在

3025m 以外发现对方并做出避让动作，而人的视力是有限的，在空中还受能见度、背景颜色和飞机大小等因素限制，所以在飞机速度大到一定程度后，飞行人员自行避让是不可能的，这是人的生理等客观因素所决定的。因此，世界各国除了改进机载设备外，先后在地面上建立了控制与指挥飞行的组织，即航空管制机构。

2.1.2　中期的航空管制

国际上航空管制装备的发展是随着无线电技术和信息技术的发展和应用逐步推广普及的。1930 年，无线电台开始装备机场塔台，航路导航设备也从早期的旋转信标灯逐步发展为无方向无线电导航（NDB）和随后出现的甚高频全方位无线电导航（VOR），并开始设置空中交通管制塔台。20 世纪 30 年代前后，美国和欧洲各国除改进机载设备外，建立了负责空中交通管制的专门机构，主要采用程序管制的方式。1935 年，美国在纽瓦克（Newark）、芝加哥（Chicago）和克里夫兰（Cleveland）设立了 3 个航路交通管制中心，并于 1936 年颁布了仪表飞行规则。随着管制中心数量的增多，逐步形成了一套依靠基本通信手段进行空中交通管制的程序管制方法，并一直持续到 20 世纪 50 年代。远程通信设备和一次雷达在空中交通管制中的应用，明显改善了对空管制手段，管制员能与飞行员进行直接通话，并能在雷达屏幕上看到实时的飞机位置。20 世纪 60 年代开始装备二次雷达。到了 20 世纪 70 年代，二次雷达进行了改进，能够提供 4096 个标识代码并加入了自动高度报告功能。计算机数据处理技术和图形显示技术的应用，使对管制员的空情显示能力得到进一步增强，通过航迹数据标牌、告警和系统提示信息，管制员可以更确切地了解空中交通状况。图 2-2 所示的是 1946 年 5 月 24 日第一部用于商业飞行的 ATC 雷达。

图 2-2　1946 年 5 月 24 日第一部用于商业飞行的 ATC 雷达

20 世纪 40 年代后期至 50 年代，世界各国更加重视制定飞行规则和飞行间隔标准，加快航空管制设施的建设。随着雷达、计算机的出现，并在航空管制工作中得以应广泛用，改变了航空管制对航空器飞行动态的监视手段，一些国家的管制方式逐步由程序管制向雷达管制过渡。

2.1.3　现代的航空管制

20 世纪 60 年代初期至 80 年代，航管二次监视雷达和电子计算机得到广泛应用，航空管制领域逐步采用了飞行计划和雷达数据自动化处理系统，以及雷达终端等设备，航空管制的自动化水平得到迅速发展。20 世纪 80 年代初期，国际民航组织提出了星基通信、导航、监视/空中交通管理系统发展计划。

航空管制系统规模的增大和系统复杂度的提高，促使人们逐渐开始用系统工程的角度来审视空中交通管制系统的建设和发展。系统工程首次用于航空管制管制可追朔到美国空军 1949 年开始建造的"赛其"（SAGE）系统，该系统对空中交通管制系统的发展，特别是系统工程在航空管制系统中的应用起到了重要的推动作用。20 世纪 70 年代以后，计算机技术和网络技术的应用，使得航空管制装备在信息处理、空情显示和操作控制等方面发生了革命性的变化，系统的集成度越来越高，也使得以计算机和信息处理设备为核心的管制中心自动化系统的规模越来越庞大。到 20 世纪末期，有些国家已建成了巨大规模的航路管制中心，如澳大利亚全国仅建立了一个航路管制中心，统一完成全国范围和部分大洋地区的航路管制指挥。

航空管制系统自动化程度的提高也迫使人们加紧了人机工程技术在航空管制系统中的研究和应用。1994 年，应美国联邦航空局的要求，美国国家科学研究委员会设立了专门的研究小组，研究人文因素在航空管制自动化中的影响，其阶段性的研究成果已应用于许多自动化航空管制系统的设计和建设之中。至 20 世纪末，航空管制技术已被纳入美国 C^4I 系统，成为自动化指挥控制系统的组成部分。图 2-3 所示为国外管制员在工作。

图 2-3　国外管制员在工作

随着卫星导航定位技术和空地数据通信技术的发展，特别是美国的全球定位系统（GPS）、俄罗斯的全球轨道导航卫星系统（GLONASS）等全球卫星定位系统的出现和普遍使用，飞机自身定位的成本越来越低，而精度越来越高；飞机与地面之间的空地数据通信能力也随着数据链技术的发展不断加强，出现了超短波（VDL）、S 模式（Mode S）、UAT、卫星、短波等多种可用的空地数据链，使飞机通过空地数据链路主动报告自身位置成为可能。这种不需要飞行员人工操作，完全由机载设备自主定位并通过数据链向管制中心自动报告位置信息的监视方式，被称为自动相关监视。自动相关监视在监视精度和覆盖范围上都远远超出了常规的雷达监视效果，使空中交通管制的监视能力产生了又一次飞跃。特别是美国 2001 年 "9·11" 事件后，世界各国的军事航空部门都在进一步采取更加严密和严厉的措施，加强其对领空内飞行活动的监督和管制，确保国家领空安全万无一失。

2.2　中国航空管制之路

1949 年 3 月，中国人民革命军事委员会航空局成立。初期设有航行管理处，在军用机场和军民合用机场建立了航空管制机构。

新中国成立后，1950 年 11 月 1 日，中央人民政府人民革命军事委员会主席毛泽东发布命令，颁布了《中华人民共和国飞行基本规则》，这是新中国颁布的第一部航空法规。《中华人民共和国飞行基本规则》明确指出 "航行调度勤务（即航空管制——编者注）为直接领导各种飞行的组织"，"中国人民解放军空军司令部航行处是统筹中国境内航行的中央机关"。

1951 年 4 月 13 日，中央人民政府人民革命军事委员会颁布了《航行管制令》。这些航空法规明确规定，空军和民航的航空器飞行，均须向空军司令部或军区空军司令部申请，经过批准后方可实施，同时也明确了航空管制机构的性质和工作使命。当时的航空管制设备比较简陋，长期处于一部电话、一个电台和一张标图桌的手工作业状态。

随着我国航空器数量和飞行量增加，航空器种类和性能差异变大，飞行任务变得复杂且要求不同，航空器空中相撞和航空器与地面障碍物相撞的概率逐渐增大，加之我国炮射靶场和临时炮射点多且分散，飞行与地面炮射之间的矛盾日益突出，为了维护飞行秩序，保证飞行安全，必须对航空器进行航空管制。1986 年成立了国务院、中央军事委员会空中交通管制委员会，领导全国的航空管制工作。

20 世纪 80 年代初期，国家对京沪航路的空中交通管制设施进行了改造。从"八五"计划开始，军航、民航陆续进行了一系列的空中交通管制基础设施的建设，使空管系统的自动化程度有了显著提高，空中交通管制装备取得了长足的发展。

2.2.1　航空管制现状

中国的航空管制始于 20 世纪 30～40 年代，经历了 50～60 年代的缓慢发展和 70～80 年代的再创业，20 世纪 90 年代步入全面快速的"成长时期"。在管理体制上，经历了军事管理、民用管理、军事管理为主、军/民航分别管理等不同模式的发展阶段。在航空管制方式上经历了通信联络→空中航行保障→航空管制→空中交通服务等不同阶段，已经步入空中交通管理服务阶段，服务手段正由全面的程序管制向部分雷达管制服务过渡。在通信设备保障方面，经历了短波通信为主→甚高频通信为主→数据通信与甚高频通信结合阶段，正进入网络信息综合服务阶段。导航服务经历了灯光导航为主→长波导航为主→甚高频导航与雷达导航相结合的阶段，正步入传统陆基导航与星基导航结合阶段。

新中国民航空中交通管理事业从无到有，由弱变强。特别是改革开放以来，空中交通基础设施形成了一定的系统规模，整体保障能力得到了极大提高，已经发展成为我国航空运输事业重要的组成部分，为推动民用航空事业的快速发展发挥着积极和重要的基础保障作用。全国飞行管制工作由国务院、中央军委空中交通管制委员会领导，民航空中交通管理工作作为全国管制的组成部分，在中国人民解放军空军的统一组织下，负责向指定空域、航路、航线内的空中交通活动提供空中交通管制服务。民航空中交通管理工作在民用航空局领导下，由民用航空局空中交通管理局实施"集中统一领导";在组织管理方面形成了民用航空局空中交通管理局、民航地区空中交通管理局、空中交通管理中心（站）的行政管理和业务管理主线；在运行管理方面形成了民用航空局空中交通管理局运行管理中心、区域管制中心、终端（进近）管制中心和机场管制塔台的运行体系。

图 2-4 所示为我国航路线分布图。

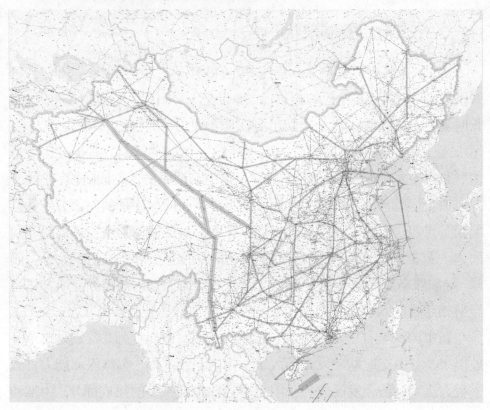

图 2-4　我国航路航线分布图

航空管制由通信联络为主向空中交通管理服务演变。20 世纪 50 年代和 60 年代的空中交通服务以实施和保障航空器与地面的话音通信联络为主要任务，70 年代步入空中交通服务阶段，以提供全面的空中交通间隔服务为主要任务，80 年代和 90 年代步入空中交通服务与管理结合的阶段，空中交通服务的范围涵盖了民用航空的仪表飞行的各个阶段和部分的通用航空飞行，由单一向民用航空提供服务过渡到向军/民航的航路、航线飞行活动同时提供空中交通服务。全国的航空管制在总体上实行程序管制，在北京和广州管制区、上海进近管制区、珠海终端管制区、北京至广州航路、北京至上海、上海至广州等区域和航路上实现了由程序管制作业方式向雷达管制服务的过渡。

2.2.2 航空管制体制

我国实行的是"统一管制、分别指挥"的体制，即在国务院、中央军委空中交通管制委员会的领导下，由空军负责实施全国的飞行管制，军用飞机由军事航空单位组织指挥，民用飞行和外航飞行由民航实施指挥。

空军的航空管制系统是空军作战指挥系统的组成部分。建立空军航空管制系统的目的，主要是为了组织实施全国航空管制，以及同民航空中交通管制系统相互协调，使军航、民航各级航空管制机构运用配置的技术设备，按照区域划分、管制规则、平时和战时的形势、任务及空域状况，对航空器的飞行活动实施监督、管制和指挥。空军的航空管制采用 4 级指挥体系，分别由空军本级管制中心、区域管制中心、分区管制中心、机场管制中心负责组织实施。

空军本级管制中心作为我国空中交通管制的最高指挥机构负责统一组织与实施全国航空管制，主要担负以下 6 个方面的任务。

（1）统一组织与实施全国的飞行管制。

（2）组织与掌握各飞行管制区间的飞行，监督飞入、飞出我国国界的国际飞行。

（3）组织全国的空中防相撞工作。

（4）监视和掌握全国的空中飞行动态。

（5）组织保障空军专机和重要任务飞行。

（6）担负演习等重大军事活动及空军训练飞行的飞行管制保障工作。

区域管制中心负责组织与实施本飞行管制区内的航空管制，组织与掌握本飞行管制区内各飞行管制分区间的飞行活动，负责批准飞行管制区内各分区之间的飞行申请。其中，相邻飞行管制区间的场外航线飞行及转场飞行由两个军区空军司令部批准。

分区管制中心负责组织与实施本飞行管制分区内的航空管制，组织与掌握本飞行管制分区各机场飞行管制区域间的飞行活动，负责批准飞行管制分区内的飞行申请。

机场管制中心负责实施本机场飞行管制区域内的航空管制，掌握本机场飞行管制区域内的飞行活动，负责申请本机场的场内、场外飞行计划和转场飞行计划。

在空军的统一组织下，民航根据其需要，与空军现行4级管制体制相对应，参照国际有关标准和规范，分别划设了8个飞行情报区、27个高空管制区、28个中低空管制区和129个机场塔台管制区。根据国家空管委下发的《全国军民航管制区域调整方案》，下一步将调整为10个高空管制区和25个中低空管制区。除此之外，在部分飞行繁忙的机场和部分民航机场密集的地区分别设立了进近管制和终端管制指挥机构。

2.2.3　航空管制规章

组织实施全国的飞行管制工作，依据的飞行规章主要有：

（1）由国家空管委办公室组织起草，以国务院、中央军委名义颁发的《中华人民共和国飞行基本规则》（简称《基本规则》），2007年10月18日发布，2007年11月22日起施行。

（2）由空军组织起草，1979 年 2 月以民用航空局名义发布施行的《外国民用航空器飞行管理规则》（简称《外机管理规则》）。

（3）1995 年 10 月 30 日八届全国人大常委会第十六次会议通过并予以公布，1996 年 3 月 1 日起施行的《中华人民共和国民用航空法》（简称《民用航空法》）。

（4）空军颁发的《中国人民解放军空军飞行条令》（简称《飞行条令》）。

空军制定下发的飞行管制规章主要有《空军飞行管制工作条例》（简称《管制条例》）、《空军专机工作规则》（简称《专机规则》）、《空军防止空中飞机相撞工作规定》（简称《防相撞规定》）、《我国境内国际国内民航班机飞行航线和高度配备规定》（简称飞行管制一号规定）和《全国城市空中走廊规定》（简称飞行管制三号规定）等。此外还有一些法规性文件及地区性的法规。

2.2.4 航空管制系统

从国家"八五"计划开始，我国军航、民航陆续进行了一系列的航空管制基础设施的建设，改善了我国境内的飞行环境和航空管制手段，逐步形成了一个较为完整的航空管制技术体系，使航管系统的自动化程度有了显著提高，航空管制技术取得了长足的进步。

（1）空中交通监视能力从被动的程序式报告到以地面为主的主动监视。20 世纪 80 年代初引进雷达系统，经过 20 余年的建设，民航的雷达监视空中交通的技术得到广泛应用，除宁夏、青海、西藏、吉林外，在省会、干线级以上的机场及其干线航路装备了一/二次合装雷达或二次雷达。雷达监视技术主要用于哈尔滨—北京—西安—成都—昆明以东飞行繁忙的地区，该地区主要航路和航线 6600m 以上多数实现了二次雷达信号覆盖，其中京广航路实现了二次雷达的双重覆盖。

（2）航路和航线导航实现了从中波无方向性无线电导航（NDB）为主到以甚高频全方位无线电导航（VOR）为主的技术过渡。目前，全国 90%的以上机场和 100%的运输机场建立、健全辅助航空器按仪表飞行规则着陆的地面无线电导航设施，使航路和航线飞行的地面无线电导航能力基本完备，增强了终端区和航路的导航能力，提高了导航精度。在机场终端区和航路上共建有 VOR/DME 设备 168 套，NDB 设备 446 套，并在 38 个机场与 ILS 合装了 43 套 DME，增强了机场终端区和航路的导航能力和导航精度。除受地形原因影响的部分航段外，全国的国际航路以及国内主要航路实现了 8400m 以上空域 VOR 信号的全程覆盖，其中北京—上海、北京—广州、上海—广州等航路实现了 8400m 以上空域 VOR 信号的全程覆盖，全国机场按照 I 类运行标准安装仪表着陆系统设备共 150 套。在北京、上海、广州、成都、西安等地配备了双向仪表着陆系统，其中，首都国际机场东跑道 36R 和上海浦东机场的双向 ILS 设备已经按照 II 类运行标准正式开放使用。

（3）航空固定通信经历了由电路交换方式过渡到网络通信方式的演变。20 世纪 90 年代，建成了以民用航空局空管局为主中心，7 个管理局为分中心，含 30 多个省（市、区）局的一个不完全网状结构的数据交换网，并且在航站安装了集中器。以数据交换网为基础，在民用航空局（主节点），7 个管理局（分节点），建立了中高速自动转报系统，在各省（市、区）局所在地及重要航站建立了低速自动转报系统，形成了拥有 90 多个转报节点、3000 多台电报终端的全国民航自动转报网络。航空固定通信网络覆盖了所有民用运输机场和民航空中交通服务单位，数据通信、卫星通信等新技术得到一定程度的应用。目前，建成了以民航空管局为网管中心和数据处理中心的 VHF 地空数据通信网，以北京、广州、上海、成都、西安、沈阳为数据通信分节点，105 座元端地面站（RGS）构成的甚高频地空数据通信网络覆盖了国际航路、国内干线航路。地空通信覆盖能力全面提高，实现了由短波无线电话音通信为主过渡到以甚高频无线电话音通信为主，民用机场和进近管制区实现了甚高频地空通信覆盖。除个别航段外，管制服务实现了甚高频地空通信，基本实现了全国主要航路的甚高频覆盖，满足了航空公司及空中交通管理系统对地空数据应用的需求。

（4）航空气象服务由简单的为国内飞行服务过渡到向运输航空的国内、国外飞行提供全面的航空气象情报服务，并实现了与全球航空气象信息的联网。建立了包括民航气象中心、地区气象中心、机场气象台和航空气象站等 125 个服务机构组成的航空气象服务体系，设立了北京、上海、广州、武汉、昆明、兰州、乌鲁木齐、沈阳、三亚等气象监视台，28 个机场的日常气象报告和天气预报参加国际飞行气象情报和交换。

（5）军航大规模的空中交通管制装备建设是从"八五"期间开始的，以增强国家的空中交通管制安全保障能力和军队的国土防空能力为目标，作为重大建设项目列入国家五年发展规划，由国家专项投资进行建设，用于改善军航空管装备的落后状态。军航空管装备的建设范围主要包括空中交通管制所需的雷达、通信、气象、机载设备和管制中心自动化装备的建设，并与民航空管装备基本实现了互联互通。经过 3 个五年规划的建设历程，军航空管装备已基本形成了在我国东部地区雷达和通信的连续覆盖，航空器的测高精度大幅度提高，飞行高度层从原来的1200m 缩小为 300m，形成了覆盖全国的空军本级—区域—分区—机场4 级自动化的管制指挥体系，实现了雷达监视下的程序管制和部分主要航路及终端区的雷达管制，极大地提高了我国的空中交通管制能力。

目前，军航空管装备已从原来的"一穷二白"到初具规模。从"十五"开始，军航空管建设也开始从原来的解决有无问题向网络化、系统化、信息化方向努力，正在实施的军民航飞行情报联网工程、军航空管技术监控维修网、全国飞行流量监控中心等综合性项目将进一步改善空中交通环境，保障我国境内空中飞行的安全、快捷、顺畅和高效。

第三章

航空管制关键技术

3.1 雷达探测技术

3.1.1 航空管制雷达特点

在雷达管制条件下，飞行管制员直接使用雷达位置信息和雷达数据信息及时准确地掌握航空器的位置及航行诸元，可以大大缩小航空器之间的安全水平间隔，增加飞行密度，加快空中交通流量。而作为提供雷达信息的雷达系统，通常由雷达、雷达数据传输线、雷达数据处理系统和雷达显示器等部件组成，其核心部分是雷达和雷达数据处理系统。要保证雷达管制的正常实施，雷达系统的性能和功能必须满足较为严格的要求，主要表现在以下 5 个方面。

（1）雷达系统应具有很高的可靠性、有效性和完整性，系统失效或由于重要系统性能降级而导致雷达管制全部或部分中止的可能性非常非常小，并且雷达系统必须配备有备份设备。

（2）雷达系统使用多部雷达信息源时，应具有综合接收、处理、显示各种相关数据的能力。

（3）雷达系统应具备与其他用于航空管制目的的自动化系统互联

的能力，其自动化水平应当能够改善管制员席数据的准确性和时效性，减轻管制员的工作负担，减少相邻管制员席位之间及飞行管制单位之间的口头协调。

（4）雷达系统应能够提供与飞行安全相关的告警显示，主要包括飞行冲突告警、最低安全高度告警、飞行冲突预警和相同二次雷达代码告警。

（5）雷达系统应能够最大限度地实现雷达信息的共享，以便增加和改善相邻管制区域的雷达覆盖范围。同时，对于雷达管制的航空器，飞行管制单位间应实现其协调数据的自动交换，并建立自动协调程序。

3.1.2　航空管制雷达分类

航管使用的雷达一般分为两类，一类是用于探测空中物体的反射式主雷达，称为一次雷达；另一类称为二次雷达，二次雷达实际上不是单一的雷达，而是包括雷达信标及数据处理在内的一套系统，它的正式名称是空中管制雷达信标系统（ATCRBS）。

航管一次雷达可以分成三种，即机场监视雷达（Airport Surveillance Radar, ASR），它的作用距离为 100 n mile，主要是塔台管制员或进近管制员使用。航路监视雷达（Air Route Surveillance Radar, ARSR），设置在航管控制中心或相应的航路点上。它的探测范围在 250 n mile 以上，高度可达 13000m。它的功率比机场监视雷达大，在航路上的各部雷达把整个航路覆盖，这样管制员就可以对航路飞行的飞机实施雷达间隔。机场地面探测设备（ASD）的功率小，作用距离一般为 1mile，主要用于特别繁忙机场的地面监控，它可以监控在机场地面上运动的飞机和各种车辆，塔台管制员用来控制地面车辆和起降飞机的地面运行，保证安全，其主要作用是在能见度低的时候提供飞机和车辆的位置信息。

二次雷达最初是在空战中为了使雷达分辨出敌我双方的飞机而发

展的敌我识别系统，当把这个系统的基本原理和部件经过发展后用于民航的空中交通管制后，就成了二次雷达系统。二次监视雷达的监视距离一般为 200mile，探测高度约为 60000ft，可以广泛用于民用和军用航空器。航管二次雷达用于对空中有源反射目标的监测，用于监视装有相应二次应答机的飞机，常常与航管一次雷达一起工作，共同完成对空中目标的监视。

3.1.3　二次雷达

1. 二次雷达概述

以地面设备询问和机载设备回答的方式实现目标定位的二次雷达，在二战期间几乎与一次雷达同步发展，被称为敌我识别器（IFF），广泛应用于作战的指挥系统。20 世纪 50 年代以前，空中交通管制采用程序管制，完全依靠管制员和飞机领航员通过无线电话交换信息。20 世纪 50 年代初期开始使用一次雷达为管制员提供飞机的坐标数据，再利用标图板确定飞机的航迹，通过无线电通话进行指挥。在这种管制方式下，管制员指挥的飞机少且强度大，不仅不能保证全天候飞行，而且有时还会造成危险接近等空中事故。1953 年开始研制与 IFFMKX 兼容的空中交通管制信标系统。1954 年，ICAO 通信会议确定 IFFMKX 的频率为民用二次监视雷达所采用，其询问的军用模式 3 与民用模式 A 兼容，又称为 3/A 模式。与其相应的 64 种回答编码中的 10 个被指定为民用。

数据技术上根据管制的要求不断完善。20 世纪 70 年代末，航管二次监视雷达开始具备危险接近的冲突告警和低高度告警的功能，并在显示的画面上对管制员及时给出提示，减少指挥调度的失误。飞行计划信息引入，自动生成电子进程单，靠雷达联网实现的多雷达航迹跟踪不仅使被跟踪的航迹更加可靠，也使管制区域实现自动移交成为可能。

在美国与北约集团等国，SSR 与敌我识别器（IFF）是合用同一套询问机与应答机的。作为民用航管 SSR 时工作在 A 模式与 C 模式，作为军用 IFF 时工作在模式 1 与模式 2，此外 IFF 还增加了一个 SIF 模式。SIF 模式作附加的一个保密编码与解码器，可获得友机的单机识别码。SSR 功能也在不断发展，近年内将逐步扩展 S 模式。该模式具有选择询问和单个应答的特点，还能增加防相撞与双向传送信息的功能。在前苏联、华约集团与其他一些国家 SSR 与 IFF 则是两个独立的询问应答系统。其中 SSR 与国际上通用，工作在固定的 1030MHz（询问）与 1090MHz（应答）两个频率点上。IFF 则工作在另一个甚高频频段上。

SSR 与 IFF 的询问—应答工作原理是相同的。询问机是与雷达相似的脉冲发射—接收系统。询问机的有方向性天线与雷达天线结合在一起，二者同步扫描，询问机发射的询问脉冲码与雷达发射脉冲同步。当询问脉冲码达到已方航空器时，这些航空器上装有的应答机接收并解读这些询问码，然后立即由其发射机发出应答脉冲码。询问机和接收机接收和解读这些应答码，就可获得如下信息。

（1）航空器所在位置（距离与方位）。这一功能与雷达相同。但雷达接收的是目标的回波，询问机接收的是目标上应答机发射（或称二次发射）的应答脉冲。二次雷达的名称即由此而来。

（2）航空器的属性。它包含在应答码中，由询问机解读出来。SSR 的 A 码表明飞机在航空管制上的属性。IFF 码则表明我/友机属性。有时还可表达单个识别标志。

（3）航空器高度。这是由 SSR 之 C 码所包含的内容，应答机与航空器上的高度计（气压高度计或大气计算机）交连。航空器的高度数字化后编入应答码中，由询问机解读出来。与 SSR 分开的 IFF 系统也有高度询问码与应答码。

（4）特殊信息。SSR 与独立的 IFF 都有航空器处于紧急状态的呼救应答码。SSR 和 A 模式还可附加一个 SPI 码，作为个别识别信号。

由于询问机天线与雷达同步扫描，因此应答信号的所在方位与雷达目标回波方位相同或相差固定角度。又因为询问脉冲与雷达脉冲是同步的，应答脉冲返回的时间与雷达脉冲到达时间基本相同，因此二次雷达的应答信号和雷达目标回波很容易寻求相关。通过相关，就能得知雷达发现目标的属性、高度等信息。

由于二次雷达有询问机和应答器的配合，二次雷达具有以下一次雷达所没有的优点。

（1）二次雷达的询问距离仅与发射功率的平方根成正比，二次雷达询问功率可比一次雷达的发射功率小得多，询问机的体积、质量就小得多。二次雷达接收机的灵敏度也可比一次雷达的低些。

（2）应答器回波比一次雷达目标反射回波强得多，对应答器的应答功率要求不高，应答器的体积、质量可以很小。

（3）由于询问射频 1030MHz，应答射频 1090MHz，两者的射频波长不等，这就消除了地物杂波、气象杂波和仙波的干扰。二次雷达回波与目标有效反射面积无关，也就没有目标闪烁现象。

（4）二次雷达的高度信息由飞机上高度计产生，其精度要比一次雷达的高。

（5）二次雷达还能提供识别信息，即军用或民用飞机的代号，当飞机发生故障、通信系统失效或遇到劫持时，能提供危急告警信息。

（6）单脉冲二次雷达提供的距离和方位的精度比一次雷达高些，因此发现概率大，虚警概率小。单脉冲（窄波束宽度）技术有更好的方位精度，降低了对干扰的敏感性。使方位精度从传统的 0.3° 提高到 0.043°。而传统的是采用滑窗法测量，难以消除审扰和混扰。能彻底消除这两种干扰的是单脉冲技术和 S 模式技术的运用。

2. 二次雷达工作原理

二次雷达是在地面站和目标应答器的合作下，采用问答方式工作，它必须经过两次有源辐射电磁波信号才能完成应有的功能。该系统拥有一套 64 bit 或 4096 bit 的断续应答代码，可以按照空中交通管制人员的要求发送特别位置识别脉冲。航管二次雷达可分为传统的 A/C 模式二次雷达和 S 模式二次雷达。S 模式二次雷达在传统的二次雷达基础上增加了选址询问的功能，具有更强大的功能和更高的实用性。

二次雷达发射的脉冲是成对的，它的频率是 1030MHz，每一对脉冲之间的时间间隔是固定的，这个间隔决定了二次雷达的模式。目前民航使用的是两种模式，一种间隔为 8ms，称为 A 模式；另一种间隔 21ms，称为 C 模式。在 A 模式中，机载信标应答机的应答信号可以被识别，并能使地面设备自动跟踪航空器；在 C 模式中，可以自动按照 100ft（29.92in）的增量发出气压高度数据。

1）地面雷达询问信号　地面雷达发射载波为 1030MHz 的脉冲询问信号，它包含了 P1、P2 和 P3 脉冲。为了避免由于飞机处于旁瓣照射区，应答机对旁瓣发射的询问脉冲也产生回答而引起 ATCRBS 对飞机的错误跟踪，必须对旁瓣询问抑制回答，为此又设置了一个参考脉冲 P2。脉冲 P2，位于脉冲 P1 后 2μs，由全向天线发射，其信号强度低于定向天线主瓣发射的 P1 和 P3 脉冲对的强度，与旁瓣脉冲的峰值幅度大致相等。应答机利用 P2 脉冲确定 P1 和 P3 脉冲对是否由主瓣发射（即询问是否为有效询问），从而对主瓣询问予以回答，对旁瓣询问抑制回答，此种方法称为旁瓣抑制（SLS）。图 3-1 所示为 ATCRBS 询问。

旁瓣抑制的工作过程是，当飞机处于定向天线的主瓣位置时，P1、P3 脉冲强度高于 P2 脉冲，应答机确认询问为主瓣询问，允许回答；当飞机处于定向天线的旁瓣位置时，P2 脉冲强度等于或高于 P1 和 P3 脉冲，应答机确认询问为旁瓣询问，抑制回答。

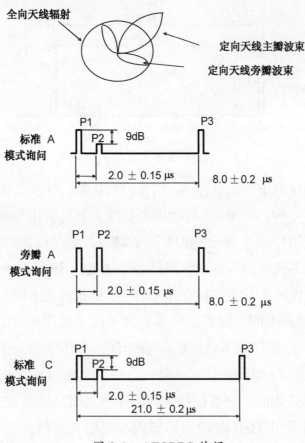

图 3-1　ATCRBS 询问

2）A/C 模式应答机回答信号　应答机检测到有效询问后，识别询问模式，在距 P3 脉冲前沿 3 μs 后产生相应的回答，地面雷达对回答信号进行解码，并将有关信息显示在雷达屏上。

如前所述，回答延迟时间确定飞机距离，天线指向确定飞机方位角，回答码根据询问模式是 A 模式或 C 模式分别给出飞机代码或高度。

应答机回答信号编码格式如图 3-2 所示，回答信号的编码由八进制的 4 组（A、B、C 和 D）共 13 个脉冲组成，13 个脉冲依次为 C1、A1、C2、A2、C4、A4、X、B1、D1、B2、D2、B4、D4，等距排列在框架脉冲 F1 和 F2 之间，框架脉冲间隔为 20.3 μs。

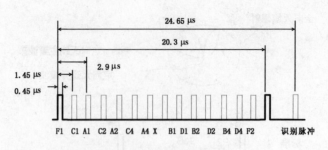

图 3-2   应答机回答信号编码格式

位于脉冲序列中间的脉冲 X，留作将来扩展，对 A/C 模式应答机来说，此脉冲不发射；位于 F2 后的识别脉冲，其发射由驾驶员通过应答机上的识别按钮控制。当应答机回答 A 模式询问时，如驾驶员按下识别按钮，则应答机在回答脉冲编码序列中加发这个脉冲 18s，从而使地面航管中心荧光屏上该飞机标志显示加亮；框架脉冲 F1、F2 始终存在。

对于 A 模式询问，回答信号编码脉冲由飞机代码决定，4 组编码 A、B、C、D 分别代表飞机代码的千、百、十和个位，每位代码由八进制 0～7 组成，4 组编码构成 0000～7777 共 4096 组飞机代码。

对于 C 模式询问，回答信号编码脉冲由飞机高度决定。

高度编码采用 11 位脉冲以格雷码编码格式进行，11 位脉冲编成 3 组，其编排顺序如下：

D2 D4 A1 A2   A4 B1 B2 B4   C1 C2 C4

高度编码由国际民航组织（ICAO）规定，高度范围为 –1000ft～126700ft，高度编码增量为 100ft。

脉冲组 D2、D4、A1、A2 组成每 8000ft 高度增量的 16 个格雷码，脉冲组 A4、B1、B2、B4 组成每 500ft 高度增量的 16 个格雷码，脉冲组 C1、C2、C4 组成每 100ft 高度增量的 5 个"五周期循环码"。

3.1.4   单脉冲体制二次雷达

单脉冲雷达（Monopulseradar）是一种精密跟踪雷达。单脉冲体制的研究始自 20 世纪 30 年代。1947 年，美国 R.M.贝奇比较完整地提出单脉冲方案。1957 年，美国研制成第一部单脉冲靶场精密跟踪雷达，此后单脉冲体制雷达得到迅速发展。单脉冲雷达在 20 世纪 60 年代就已广泛应用。美国、英国、法国和日本等国军队大量装备单脉冲雷达，主要用于目标识别、靶场精密跟踪测量、弹道导弹预警和跟踪、导弹再入弹道测量、火箭和卫星跟踪、武器火力控制、炮位侦察、地形跟随、导航、地图测绘等；在民用上主要用于空中交通管制。目前使用的单脉冲雷达基本上都实现了模块化、系列化和通用化，具有多目标跟踪、动目标显示、故障自检、维修方便等特点。

与以前的常规二次监视雷达相比，单脉冲二次监视雷达通过单脉冲接收机和天线系统，可以精确地测量每一个回答脉冲的到达角，这样就极大地改善了方位角的测量，给出更加精确的目标坐标信息。理论和实践已经证明方位和测量的均方误差小于 0.07°，在减少异步干扰和同步审扰方面有较大的收益。

1. 单脉冲雷达工作原理

为了获得目标方向信息，需要在同一瞬间对数个天线波束收到的回波信号进行比较，这有以下 3 种方法。

（1）幅度单脉冲法：比较偏轴波束收到信号的幅度调制来提取信息；

（2）相位单脉冲法：比较两个波束收到信号的相位来提取角信息；

（3）幅相单脉冲法：一个平面比较幅度产生误差信号，另一平面比较相位产生误差信号。

幅度单脉冲法由于天线结构合理、电性能好和电轴稳定，应用最广。它的经典形式由 4 喇叭馈源和一个反射面组成，经比较网络可得和信号、方位差信号和俯仰差信号。和信号提供目标距离信息并作为参考信号。差信号提供角误差信息，其幅度确定目标偏轴大小，误差信号与参考信号的相位差确定偏轴方向。当电轴对准目标时，误差信号为零，此时天线不转动；当目标偏离轴向时则有误差信号输出，伺服系统便驱使天线正向或反向运动，直至自动跟踪目标。幅度单脉冲天线的主要质量指标是距离灵敏度、角度灵敏度和误差灵敏度。距离灵敏度是和信号随目标距离的变化率。角度灵敏度是误差信号随目标角位置的变化率。误差灵敏度是误差信号在瞄准轴上的变化率，即误差电压在瞄准轴上的斜率。它们直接同天线的和波束增益、差波束斜率和增益有关。

2. 单脉冲处理技术

单脉冲处理技术是二次雷达的核心技术，它包括发射机频率精度高，接收机的大动态和三路信号的线性一致性高，高速、可靠的 A/D 转换，OBA 值的精确提取，单脉冲数据的处理和解算等难点技术。

1）三通道单脉冲接收机　二次雷达要求接收机具有高的动态范围，高的正切灵敏度，以及三路接收机的线性和一致性的要求也很高。

三脉冲询问方式（P1，P2，P3），发射载频为 1030MHz 的调制脉冲，根据战术要求确定询问模式。机载应答机接收到询问模式信号后，根据询问模式主动发出应答信号。应答码脉冲调制在 1090MHz 的射频上，地面询问机经天线接收，在接收机内经高频放大，滤波，混频，对数中放，检波，得到视频脉冲，输出至处理组件。在处理组件中，视频脉冲信号经去除干扰，OBA 值提取，解码，再综合天线的方位信息，得到目标的代码、高度、距离和方位等信息，经过点迹处理器处理后，可进行距离相关、方位相关、代码相关后形成点迹。上报的点迹信息和故障信息等通过远程传输送到遥控端的显控系统，通过二次雷达点迹信息与一次雷达目标进行配对后，将信息进行正确显示。同时，显控系统将控制信号通过远程传输，遥控二次雷达主机工作。

2）大垂直口径单脉冲天线　天线采用和、差、控制三通道工作体制。天线 Σ 波束与 Ω 波束对相应单元按泰勒分布馈电，Δ 波束按贝利斯分布馈电，对馈电的相位、幅度有较高要求。并且，形成三波束时需要不同的馈电网络。

单脉冲天线最常用的形式是双反射面天线。单脉冲雷达天线结构比较复杂，它需要 3 套独立的，但幅、相特性一致的接收机。因此，在单脉冲雷达问世后，又出现了将接收机通道合并为单路和双路的单脉冲天线和各种假单脉冲天线，这些天线都具备抗回答式调幅干扰的能力。单路隐蔽扫描假单脉冲天线的馈电系统与单脉冲天线的相同，而接收和信号处理电路与 20 世纪 40 年代使用的圆锥扫描天线相同，将二者结合在一起的则是馈线中所增加的一套特殊射频合成网络。这类天线都用误差信号来确定目标在空间的位置关系。对于圆锥扫描天线来说，天线波束与天线轴线偏离一定角度，在跟踪过程中天线波束围绕轴线旋转，然后比较波束在不同指向时得到的一系列回波信号幅度，从而得出角度误差信号。

馈源是单脉冲天线的关键，它分为多喇叭馈源、多模馈源及多模多喇叭馈源。多喇叭馈源包括 4 喇叭、5 喇叭、8 喇叭和 12 喇叭馈源等。多模馈源是利用方形或圆形光壁波导或波纹波导中的高次模来形成和差信号。多模多喇叭馈源是在 E 面用重叠的 4 个喇叭实现和差，H 面用多模实现和差，这种馈源能在两个主平面实现 2：1 的激励宽度，其电性能与理想馈源取得的性能相当接近，同时也简化了比较网络和混合接头。

3.1.5 S模式二次雷达

随着国际上的航空运输业的发展，空中交通的密度增加，现行二次雷达询问和回答体制出现的问题，如异步干扰、假目标和同步审扰等显得十分突出，甚至严重干扰管制员的正常工作。同时，从管制角度看，采用数据链空—地之间自动交换更多的信息，以减轻管制员的工作强度。1981 年，英美达成协议，将英国的选择地址二次监视雷达系统

（ADSEL）和美国的离散地址信标系统（DABS）合二而一，国际民航组织给出了技术标准并统一为"S模式"。S模式应答机是一个协同监视和通信系统，它能用来提高ATCRBS（空中交通控制二次雷达系统）的性能。目前，S模式的应答机已经用于空中交通碰撞回避系统（ACAS）给驾驶员危险接近的提示，保障飞行的安全。

1. S模式二次雷达工作原理

选址系统主要工作方式就是要对每一架飞机指定一个专用地址码，二次雷达每次只询问一架专门的飞机。进行一对一的点名问答，并能自适应询问功率与目标的距离相匹配。询问码采用相位调制，故抗干扰性能好。一个 15 μs 或 29 μs 的数据块可容纳 56bit 或 112bit 的数据，数据的前 24bit 规定用于飞机的地址编码，这样飞机的识别码的数量可达 1677 万个（$2^{24} = 16777216$），是现行的模式 A 的 4000 余倍，足以实现全球飞机一机一码。数据块的其他位用于传送所需飞机参数。

图 3-3 所示的是 S 模式的应答示意图。

S 模式系统的 3 个优点，即单脉冲处理、选择性询问和数据链。有选择地询问可以防止信号范围内的所有飞机同时应答引起的系统饱和、混叠发生；一机一码可以防止询问信号审扰其他飞机；为 ATC 服务提供数据链能力，为 VHF 话音通信提供备份；实现对飞机状态的跟踪监视；使用单脉冲技术有效地改善了角度分辨率，提高了方位数据的精度；TCAS 是利用 SSR 应答器的信号来确定邻近飞机的距离和高度，利用 S 模式数据链功能，可确切知道对方的坐标位置，有利于选择正确的回避措施，是防撞的可靠手段。

S 模式应答机接收地面 ATC 设备和安装了 ACAS 设备的飞机发出的询问信号，经过解码和处理后，符合规则则发送应答信号。S 模式应答机还能接收和处理数据并送给本机上的机载防撞系统（ACAS）设备。应答机从控制单元接收控制指令，从本机数据源接收空/地状态和大气

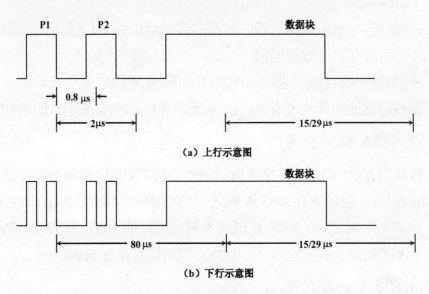

（a）上行示意图

（b）下行示意图

图 3-3　S 模式的应答信号示意图

高度数据。飞机最大空速和 S 模式地址由应答机在安装时进行设定。外部信号由上下天线接收，接收信号的中心频率为 1030MHz；发射信号通过上天线或下天线进行发送，发射信号的中心频率为 1090MHz，应答机的发射噪声和镜像频率在选择带宽之外。

2. S 模式应答机主要功能

➢ 从地面站和装备了 ACAS 设备的飞机接收询问信号

➢ 处理、输出应答机离散、串行数据

➢ 处理压力高度数字信息

➢ 转换飞机高度信息用于 ACAS、S 模式和 ATCRBS 应答

➢ 执行连续的内建自测试，给本机和测试设备（有 ACAS 时，包含 ACAS）提供告警信息

➢ 给实时 LSI 提供系统重置信号

➢ 合成询问应答数据

➢ 更新询问应答数据

➢ 执行 ACAS 相关进程，包括安装了 ACAS 的飞机内 S 模式和 ACAS 之间所有双路数据通信

➢ 每秒一次自动发送 1090MHz 的间隙发射信息

这些信息通知其他装有 ACAS 系统的飞机和地面站本机的存在。

3. S模式询问信号

按调制方式的不同，S 模式询问信号分为 PAM 信号和 DPSK 信号。PAM 询问信号包括 ATCRBS A 模式、ATCRBS C 模式、ATCRBS A 模式/S 模式全呼叫、ATCRBS C 模式/S 模式全呼叫、ATCRBS A 模式全呼叫、ATCRBS C 模式全呼叫。DPSK 询问信号是 S 模式询问。

4. S模式应答信号

S 模式应答机回答射频询问，从这些应答中，可以获得与目标机的距离、方位、高度、ID 等信息。S 模式的重要特征就是每架飞机都有一个唯一的地址码，利用这个唯一的地址码，能向特定的飞机发送询问。应答信号包含明确的 ID 信息，这将获得最小信道干扰性能，能提高抗干扰能力。ACAS 中的应答机利用安装于飞机顶部和底部的两个（或多个）天线确定入侵飞机的准确位置。

所有的 S 模式应答信息（56 位或 112 位，其中 112 位是 ELM 格式）包括一个 24 位地址码/奇偶校验码、监视信息（高度信息或 ATCRBS 4096 代码等）、数据链通信等。其信号格式如图 3-4 所示。

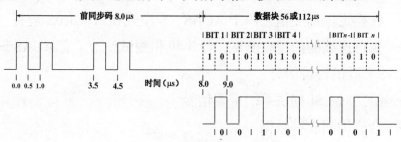

图 3-4　应答数据波形

5. S模式间歇发射信号

S 模式应答机每秒一次自动发送 1090MHz 的间隙发射信息（Squitter）。这些信息通知其他装有 ACAS 系统的飞机和地面站本机的存在。飞行状态时，上下天线交替发射；飞机位于地面时，可控制发射状态或仅由上天线发射。

3.2　自动相关监视技术

3.2.1　广播式自动相关监视（ADS-B）

广播式自动相关监视是由目标主动广播自身位置等信息供外界对其进行监视的一种监视方式。军航新航行系统将实现对所有具备自动相关监视信息广播能力的军航飞机进行跟踪监视。

系统提供的广播信息包括以下内容。

（1）机载/车载平台广播：

➢ 基本位置信息

➢ 扩展位置信息

➢ 模式状态信息

➢ 预达位置信息

➢ 空中气象信息

（2）地面台站广播：

➢ 地面气象信息

➢ 机场勤务信息

机载信息的广播是完全自主式的，广播的周期、触发事件和报文内容应根据飞行的阶段、任务性质进行预置。广播信息到地面之后经地面网络被分发到相关的用户端系统，所有与某个飞行密切相关（涉及管制或其他飞行安全）的用户均应能获取到该飞机广播的自动相关监视信息。

广播式自动相关监视的广播预置条件包括：

（1）周期广播类型中的场面滑行阶段周期、进离场阶段周期、航路或空域飞行周期。

（2）事件广播类型中的报告点广播（转弯、爬升/下降、出/入边界等）、异常情况广播（发动机故障、遭劫机等）。

任务类型分为普通任务和重要任务两种，普通任务飞行按通常的广播预置条件进行广播，重要任务飞行按重要任务的保障要求进行广播。

参与广播式自动相关监视的用户可分为三类，即 I 类用户同时具备广播信息和接收广播信息的能力，II 类用户只能够进行广播但不具备接收和处理广播信息的能力，III 类用户只能接收广播信息。对于飞机而言，I 类用户在满足地对空的监视需求之外，还具备空空监视的能力；对 II 类用户只能实现地对空监视。

广播式自动相关监视是军航新航行系统的基本功能，所有参与广播式自动相关监视的航空器或车辆均应具备信息广播的能力。I 类用户是主流，II 类用户一般用于改装困难或成本较低的低端飞机及地面车辆，III 类用户一般用于地面的监控台站。

机场的气象条件、开放/关闭和跑道占用情况，列入 ADS-B 地面台站的对空广播服务，由管制中心负责信息编辑和发布，相关机场附近的地面台站进行广播。

图 3-5 所示的 ADS-B 应用系统由以下单元组成：

➢ 机载 ADS-B 信息生成与发送单元

➢ 空地 ADS-B 信息传输视距数据链

➢ 地面管制中心 ADS-B 信息接收处理单元

➢ 地面管制中心 ADS-B 信息应用单元

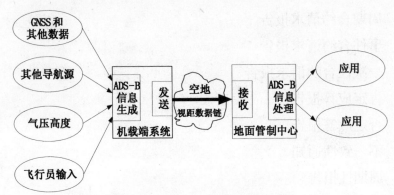

图 3-5 ADS-B 应用系统组成

3.2.2 合约式自动相关监视（ADS-C）

合约式自动相关监视是在监视方和被监视方建立监视合约的基础上，由被监视方根据合约内容自动向监视方报告自身位置及所需信息所实现的一种监视方式。军航新航行系统将实现对部分飞机的合约式自动相关监视。

进行合约式自动相关监视的第一步是监视者与被监视者之间建立合约，并根据合约完成指定管制中心或用户单位对指定飞机的端到端监视，其监视内容、频度（周期或事件）以双方之间的约定为执行依据，不受所在地域的限制。只要合约建立并可实施，就可以实现自动相关监视。

每一个监视合约由监视方主动发起，并注明所需的报告内容、频度或条件等信息，经被监视方确认后合约生效。合约生效后，监视活动将持续进行，直至合约执行完毕或被解除。通常，合约的终止只能由监视方提出，被监视方不能主动终止合约。

当飞机出现故障或处于紧急状态后，系统自动或由飞行员启动转入紧急模式，飞机当前的所有周期性合约被自动挂起，飞机按照预先的约定向所有监视方发送紧急模式报告。当紧急模式终止后，被挂起的周期性合约将自动恢复。

合约式自动相关监视的报文类型包括：

➢ 周期合约请求报告

➢ 事件合约请求报告

➢ 一次性合约请求报告

➢ 肯定应答报告

➢ 否定应答报告

➢ 不一致性通知

➢ 周期性报告

➢ 事件报告

➢ 一次性报告

➢ 紧急模式报告

➢ 取消合约请求报告

每个被监视方可同时与多个监视方建立监视合约，提供所需的自动相关监视报告。当申请合约的监视方数量超出被监视方所能支持的数量之后，被监视方应拒绝新的合约申请，并反馈当前已建立合约的状况，包括监视方的用户标志和合约类型等信息。当监视方申请的合约内容与被监视方所能提供的信息不完全相符时，被监视方应尽可能提供监视方所需的信息，并反馈不一致性通知。

系统支持的合约类型包括：

➢ 周期性合约

➢ 事件合约

➢ 一次性合约

➢ 紧急合约

合约式自动相关监视一般用于对长航程飞机的监视。

3.3　数据处理技术

区域、分区和机场空管系统的目标信息主要来自管制区域内多部雷达组成的雷达网。雷达网系统可按雷达站的空间布局分为共站配置和非共站配置两类。共站雷达又分为天线在同一个天线座上同步旋转和天线分开配置在某个有限区域内两种。空管系统中一次、二次合装雷达就是天线同步旋转的共站配置。空管系统中更为一般的是非共站配置。管制区域内多部雷达的覆盖空域互相重叠,各部雷达将其"观测"到的目标信息,送往管制中心。

多雷达数据处理分为分布式和集中式两类。分布式处理的特点是每部雷达终端都有一个数据处理计算机,根据单雷达观测值完成跟踪,然后把单雷达航迹送给管制中心,最后由管制中心确定各个目标的唯一航迹。集中式处理的特点是从每部雷达送给管制中心的是目标的点迹而不是目标的航迹,管制中心的处理机首先要处理来自每部雷达的观测值,最后才确定各个目标的唯一航迹。分布式系统是多雷达数据处理的一种连接方式,它传送到处理中心的信息是目标的真航迹,而没有虚假点迹,因此目前得到普遍应用。多雷达数据处理与单雷达数据处理相比,处理算法、航迹文件编排、数据结构等均不相同。多雷达数据处理必须考虑每部雷达和雷达站的性能指标的差异,线路传输延迟的差异,天线扫描非同步误差,量化单位的差异,航迹质量的差异等等。自动相关监视(ADS)也是空中交通管制系统的一种监视手段,多源数据处理中可将ADS信息看做是伪雷达信息进行分析和处理。

3.3.1　数据融合

由于空中飞行交通需求快速增长,以及感测器和通信技术的迅速发展,送入各类空管系统的信息量、信息速率和信息种类都日益增加,对系统的管理空间和反应时间也提出了日益严峻的要求。采用数据融合技术能提供完善、全面、准确和实时的环境态势信息。

图 3-6 所示的是数据融合功能模型。

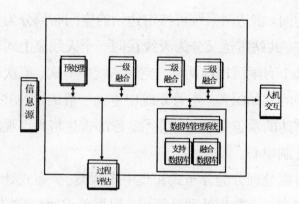

图 3-6 数据融合功能模型

3.3.2 实时多感测器配准

在现代空中监视系统中，各种感测器在地理上分布配置，感测器的观察数据是在各自的本地坐标系统中度量的。为了融合多感测器数据而形成统一的系统空中轨迹和完整的空中态势图，需要确立一个中心坐标系统和建立统一的轨迹数据库。每个感测器数据变换到中心坐标系中表示，并且应使系统误差充分小。所谓多感测器配准，就是将所有感测器对所有目标的位置数据和轨迹数据变换为统一和适当形式的输入数据送至综合轨迹处理器，这些数据伴随的感测器位置不确定性、天线取向误差和感测器失调误差，以及通信传输和数据处理造成数据在系统接收时的时延等系统误差被消除或经处理降到充分小，使多感测器数据能正确融合。

各感测器造成的系统误差对系统多感测器数据融合的影响是十分明显的。一方面单感测器数据误差过大将造成一个目标生成多余的航迹，不能进行正确的融合；另一方面将使跟踪准确度和稳定度大大降低，有时将使融合处理的优点被否定，系统实际退化为单感测器跟踪系统。因此，系统对实际接收到的感测器数据必须进行配准处理，使数据源误差基本满足多感测器数据融合处理的要求。

　　根据系统对多感测器数据融合处理进行配准的基本要求，感测器数据配准过程主要从以下两个方面解决。

　　（1）感测器本身的校准。目前空管雷达站提供的雷达数据包含了多重误差因素，空管雷达本身的数据质量要靠雷达分系统来实施。雷达安装的基点经纬度参数误差较大，必须进行一次雷达天线中心经纬度的精确测量，以提供给系统雷达数据融合处理一个良好的前提。

　　（2）对单个雷达数据的参数必须进行系统配准，以保障系统多雷达数据融合处理成功的条件。

　　为了适应空中目标状况和态势变化，系统必须连续地对输入雷达数据进行配准。自动配准过程就是以接收到的各感测器的数据为基础，估计出各感测器数据的系统位置偏差，用估计的位置偏移量去校正各感测器的相应观测量（即数据），以此作为系统轨迹处理器的输入，获得近于一致的多感测器数据估值。

3.3.3　航迹相关

　　航迹关联算法将输入系统的、对应同一目标的各单雷达数据关联到一个已存在的综合航迹或新产生一个综合航迹。航迹关联是多雷达数据融合的核心环节之一。航迹相关包括航迹号相关、位置相关、证实和确认3个步骤。

　　航迹号相关就是搜索单雷达航迹的航迹号，若有一个综合航迹的航迹号相关记录与之相同，判为相关，不再进行处理。对航迹号未相关上的航迹，继续进行位置相关。

　　位置相关遵循以下5项原则。

　　（1）若没有任何综合航迹的位置进入此单雷达航迹的距离波门之内，此单雷达航迹与综合航迹不能位置相关。

　　（2）若仅有1个综合航迹的位置处于此单雷达航迹的距离波门之

内，此综合航迹与该单雷达航迹位置相关。

（3）录航迹号与该单雷达航迹的航迹号相关，不管其距离远近，判为与之位置相关。

（4）如果进入距离波门的综合航迹没有任何一个与之航迹号相关，取距离最近的 1 个综合航迹，此为单雷达航迹位置相关。

（5）如果上述情况无一发生，此单雷达航迹没有实现与现有任何综合航迹的位置相关，系统用此单雷达航迹尝试建立一个新的综合航迹。

最后，对单雷达航迹与某个综合航迹位置相关但未与该综合航迹记载的已关联单雷达航迹号相关的情况，需要进行进一步证实，以防止航迹吞并或航迹分裂。

3.3.4　多感测器多目标跟踪

多感测器多目标跟踪是信息融合处理的关键环节。多传感器多目标跟踪过程对单雷达数据（包括航迹、点迹）和 ADS 航迹进行融合处理以生成系统航迹。多传感器多目标跟踪可分为面向航迹和面向观测两种模式。前者是在单传感器跟踪的基础上，将单传感器航迹加权平均得出系统航迹；后者则将所有输入数据直接与系统航迹关联，滤波后更新系统航迹。该处理包括数据关联、滤波、系统航迹启始、终结等环节，其中滤波环节可以采用交互多模（IMM）等算法。

如果滤波算法中使用的目标模型不准确，就容易丢失目标。但目标实际运动状态是未知的，且因目标不同和时间、空间不同而差异很大。因此，要运用符合目标真实状态的系统跟踪模型，就必须定时检测目标机动状态（包括是否在机动，机动的起始、终止时刻，机动类型与机动大小等）。

分析和实践证明，对非机动目标用与恒速模型相匹配的低阶滤波器才能获得良好的跟踪性能；对机动目标要用与其机动加速度模型相匹配的高阶滤波器才能实现可靠跟踪。二者之间不能取任何折中。通常把这两种模型称为静态模型和机动模型。对于空管系统监视的大多数飞行目标，恒速直线飞行是其主要飞行方式，机动飞行是间断出现的短期行为。因此，实用目标跟踪处理器一开始总是工作在静态模型，当目标发生机动时，跟踪器要检测和识别机动后才启动相应的机动模型，目标机动结束后，跟踪器必须返回到静态模型。

图 3-7 所示的是交互多模算法流程。

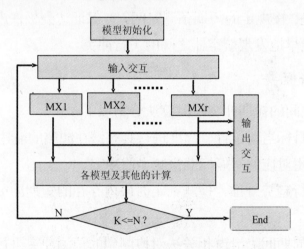

图 3-7 交互多模算法流程

3.4 飞行安全告警技术

3.4.1 短期冲突告警技术

短期冲突告警是根据雷达航迹自动检测/预测飞行冲突的算法，其实际性能和使用效果不仅与算法的优劣有关，甚至在更大的程度上依赖于航迹数据质量的优劣和当时飞行流量的大小。由于任何实际的雷达航迹都不可避免地存在随机误差，基于雷达航迹的自动推测和预告警软件必然存在一个能力极限，这也是提出并制定有别于程序管制间隔标准的雷达间隔标准的原由之一。同时，将基于雷达航迹的自动告警判别标准与管制工作中的违反安全间隔事件的认定标准完全等量齐观、混为一谈也是没有充足理由的。自动预警只能是安全间隔保证的一种辅助工具，而不能被视为安全事故的唯一评判者（这里指实时的预警提示；运用记录的雷达航迹数据进行的事后分析，当然是认定违反安全间隔事故的重要依据）。短期冲突告警（Short Term Conflict Alert, STCA）算法设计的基本原则是，按规定的短期预测时间，在保证达到极低虚警概率的条件下，尽可能早地发现航空器之间的飞行冲突。

1. 算法概要

飞行器之间的短期冲突检测算法分为以下 4 步。

（1）按目标当前位置、高度进行具有潜在冲突的航迹对的粗选。

（2）使用对应的间隔标准检测当前冲突。

（3）飞行趋势外推，检测指定时段内存在的短期冲突，预测危险接近。

（4）用周期间隔滑窗相关法对检测到的预测冲突再行确认，证实冲突的存在，以最大限度地减小虚警概率。

2. 算法实现

1）冲突航迹对的粗选算法　用检测两个航迹之间当前距离和高度差的方法粗选具有潜在冲突的航迹对。仅当两个航迹之间的距离和高度差同时小于相应门限时，判为具有潜在冲突的航迹对。

2）航迹对的当前冲突检测　直接计算两个航迹之间当前距离和高度差，按不同间隔标准检测当前冲突。仅当两个航迹之间的距离和高度差同时小于相应间隔标准时，判为当前冲突。当前冲突不用证实，直接告警。

3）飞行趋势线性外推预测危险接近　线性外推预测算法适用于匀速直线飞行或可视为匀速直线飞行的航空器对，用于预测 $0 \sim T_a$ 时间发生冲突的可能性。算法基于两航空器当前的三维位置和三维速度矢量，计算 $0 \sim T_a$ 时间是否有可能违反高度安全间距和水平安全间距的允许标准 Asep 和 Rth。

（1）航迹对高度间距预测。预测在 $0 \sim T_a$ 时间内航迹对的高度间距是否有可能趋于危险接近（可能小于 Asep），如果有，转向水平间距趋势预测。为减少航空器上升下降过程中的虚假告警，系统对有许可（批准）高度（Cleared Flight Level，CFL）数据的航迹使用许可高度层保护方法探测高度冲突。

（2）航迹对水平间距预测。预测在 $0 \sim T_a$ 时间内航迹对在水平方向上是否有可能趋于危险接近（可能小于 Rth），如果有，转向水平间距趋势预测。

（3）预测冲突判定。对于在 $0 \sim T_a$ 时间内同时存在垂直方向和水平方向都有危险接近可能性的航迹对，进行危险接近预测判定，提交冲突证实。

4）冲突的证实和确认　为了把因航迹轨迹方程参数估计不准等误差因素引起的虚警概率降至最低，必须对按上述方法检测到的冲突加以证实。冲突证实采用航迹刷新周期间滑窗相关法，依据计算得到的预测冲突时间与数倍航迹刷新周期的大小关系选取滑窗宽度和要求命中数。

3.4.2　低高度危险探测告警技术

在飞行过程中，进近着陆和起飞过程是航空器最容易发生重大事故的阶段。据统计，在全球范围，由于航空器与山地、航空器与高大障碍物发生相撞占有高达约 50% 的事故比例。航空器在低空阶段飞行时，机动动作多、飞行速度大、地表环境对航空器的影响明显，飞行员对突发险情的处置时间短，这都是发生高事故率的原因。低空域飞行更具有与地形因素相关紧密、飞行障碍情况复杂繁多、飞行调整时间短等特点。为了改善飞行管制手段，提高防相撞预测能力，此危险探测告警手段应运而生。

基于高精度 DEM 数字高程模型与地表障碍物数据库，将混合后的地表特征数据作为飞行低高度危险探测的数据基础；基于 Reich 模型，以精确融合后的航迹目标和飞行态势实时与其适应范围内的地表数据进行分析，可预测航空器是否与地面障碍物存在潜在冲突。

图 3-8 所示的是低高度告警示意图。

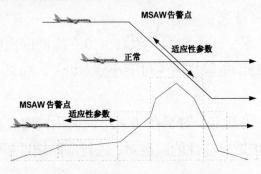

图 3-8　低高度告警示意图

1. 航空器间隔Reich模型

根据航空器撞击的物理过程，以航空器的重心为中心，分别作 3 个长方体，称为"λ体"、"S体"和邻近层，其中 λ 为飞机的几何尺寸，S 为间隔标准，邻近层的大小依据相撞率 CR（飞机在单位时间内发生相撞的预期值）确定；当其他物质点 A（障碍物抽样点或航空器）位于航空器 B 的邻近层外时，认为相撞率为 0，只有 A 点进入 B 的邻近层，才计算相撞率；当 A 进入 B 的"S体"时，认为产生了飞行冲突；当 A 进入 B 的"λ体"时，认为发生了相撞。

对于最低安全高度的告警探测，通过采集 DEM 与障碍物的混合数据序列，将离散的地表环境数据提取为障碍点 A，将 A 的空间数据与 B 的邻近层、"S 体"作空间分析计算。当 A 进入 B 的临近层内且位于"S 体"外时，系统根据相撞率输出预警信息，当 A 进入 B 的"S 体"内时系统输出告警信息。

图 3-9 所示的是 Reich 模型示意图。

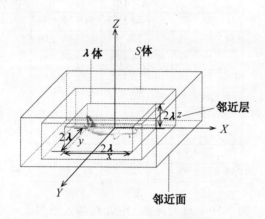

图 3-9　Reich 模型示意图

对于航空器之间发生冲突，则采用航空器的邻近层、"S 体"与其他航空器的 λ 体进行空间计算；航空器与空域体之间发生冲突，采用空域体与航空器的邻近层、"S 体"进行空间计算。

2. 数字高程模型

DEM，即数字高程模型（Digital Elevation Model）的简称。它是用一组有序数值阵列形式表示地面高程的一种实体地面模型，是数字地形模型（Digital Terrain Model, DTM）的一个分支。数字高程模型是地理空间定位的数字数据集合，是对地面特性进行空间描述的一种数字方法途径，是生成立体地形模型、三维正射影像的重要基础数据。一般认为 DTM 是描述包括高程在内的各种地貌因子，如坡度、坡向、坡度变化率等因子在内的线性和非线性组合的空间分布，其中 DEM 是零阶单纯的单项数字地貌模型，其他如坡度、坡向及坡度变化率等地貌特性可在DEM的基础上派生。通过将DEM数据与低空域中的采集障碍物高度数据联合，可得到完整的地表情况数据，对低空航空器与地面之间态势的分析提供较充分的数据准备。数字地面模型更通用的定义是描述地球表面形态多种信息空间分布的有序数值阵列，可以用二维函数系列取值的有序集合来表示，如图3-10所示。

91	78	63	50	53	63	44	55	43
94	81	64	51	57	62	50	60	50
100	84	66	55	64	66	54	65	57
103	84	66	56	72	71	58	74	65
96	82	66	63	80	78	60	84	72
91	79	66	66	80	80	62	86	77
86	78	68	69	74	75	70	93	82
80	75	73	72	68	75	86	100	81
74	67	69	74	62	66	83	88	73

图 3-10　规则网格 DEM 数据表示形式

3.5　飞行情报处理技术

飞行情报是指飞行管制人员协调和掌握飞行计划及飞行实况的各类信息，包括飞行计划信息、准动态信息、动态信息、管制勤务信息、炮射信息、管制移交信息、飞行情况统计信息，以及气象信息、飞行进程单及飞行列表等。飞行情报是各级管制中心的主要信息，管制中心之间的飞行情报报文利用专线或卫星进行传送。

飞行数据处理通过消息驱动与飞行情报处理交互，接收飞行计划及相应二级报；根据飞行情报处理提供的飞行计划进行计划航线转换。并根据相关参数和天气情况、空中位置报等以及雷达数据，精确调整4维飞行剖面；进行空域和飞行管制交接管理、飞行计划/航迹配对，以及飞行进程监视等有关的活动，并打印各种进程单、显示飞行动态。

尤其是在没有雷达信号时，基于飞行情报的计划航迹、进程单和动态列表可以为管制员掌握和处置空情提供可信赖的依据。

3.5.1　飞行情报传输

目前正在应用的飞行情报传输主要基于 X.25 协议，在报文发送时，由源发方启动建立 X.25 链接，目的站收到通信链接信号后，在源发方和目的站间建立一条 X.25 链路。此时源发方即可启动报文发送，接收方收到报文后，无论正确与否都必须回送一份确认/错误报给源发方。源发方收到报文确认后，可认为报文已交给接收方，一份报文的交换过程即结束。此时，源发方查看该报文队列中是否有其他报文需发往该目的站，若有就将下一份报文交给接收方，直至向该站的报文全部发送完为止。通常，若一份报文未完成发送，发送方应进行重发并在时限内将报文发送出去，否则丢弃报文，并通知报文处理程序该报文发送失败。报文发送完毕后，源发方与目的站间拆除链路。

3.5.2　飞行情报处理

飞行情报处理的任务主要是以飞行情报为核心，实现飞行数据的接收、发送，实现与雷达系统的数据交互，通过友好的操作界面，协助管制员完成收发报操作。

1. 报文生命周期

飞行计划报的状态有静止、预激活、激活、挂起、等待、终止等。

调用系统提供的报文输入模板编辑新报文时，当前的报文状态为"编辑"；当保存成功后尚未执行发送操作时，该报文状态变为"未发"，此时报文可以删除或进行发送操作；对报文执行了发送操作但是未收到所有收报地址的回执时，该报文状态为"待发"；如果报文发送后收到了所有收报地址的回执，报文处于"已发"状态，也可以人工将"待发"状态报文转为"已发"报文。

图 3-11 所示的是飞行情报报文状态转移图。

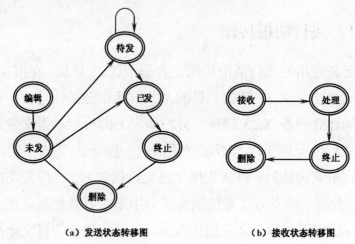

（a）发送状态转移图　　　　**（b）接收状态转移图**

图 3-11　飞行情报报文状态转移图

接收的报文处于"接收"状态时当管制员调阅后，状态变为"处理"；二级报与一级报相关处理后，二级报报文状态变为"终止"。当飞行计划提交飞行数据处理后，飞行计划报的状态与飞行数据处理中的相应飞行计划相关联，通过消息服务通道交互信息。

2. 计划航线转换

根据飞行计划中的航线、速度和飞机性能计算所有飞越的固定点、管制区段间的移交点、管制中心间的移交点，并估算出到达每点的时间和高度，生成一个连续的 4 维飞行剖面。根据航线中的机场位置、机型和走廊，按照空中走廊的使用规定，计算该航线进、出走廊的规定点；适应性航线转换时先计算航线的进、出点，然后再计算进、出点之间的所有点。提取适应性航线和直接航线时，采用计算机图形学中的线段与多边形交点算法计算航线与管制区边界的交叉点，自动生成移交点。移交点以经纬度的方式显示在进程单和未来航线中。

3. 飞行计划与航迹一致性监视

按照飞行计划对在管制区内的飞行航迹进行监视，使二者保持一致。当发现航迹出现偏航、偏离相应空域时，将对其进行告警。所有的一致性监视和偏航警示都可以整体或按指定航迹被屏蔽。飞行一致性监视包括垂直偏航警示、高度和飞行方向偏差警示、横向（侧向）偏差。

图 3-12 所示的是飞行计划与航迹配对流程。

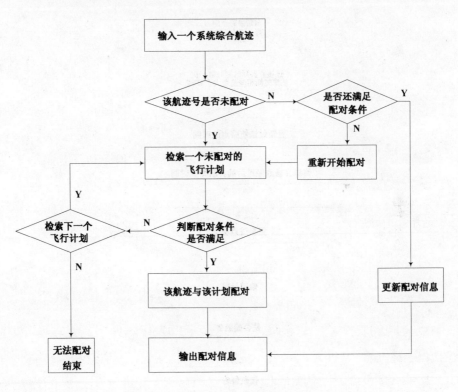

图 3-12　飞行计划与航迹配对流程

图 3-13 所示的是一致性监视流程。

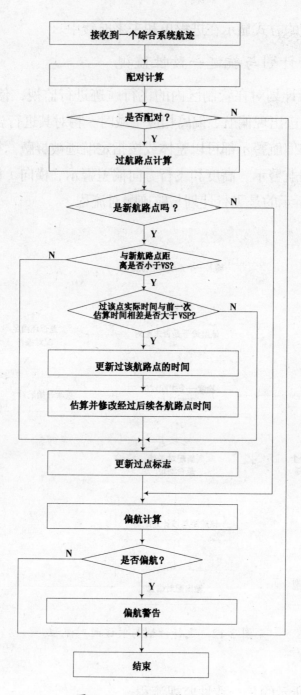

图 3-13　一致性监视流程

3.6　航空电信技术

3.6.1　航空电信网

1. 概念

航空电信网（ATN）是全球范围内用于航空的数字通信网络。ATN将航空界的机载计算机系统与地面计算机系统连接起来，支持多国和多组织的运行环境，使之随时互通信息。

ATN 网络由航空业界的各类 ES、IS、地—地和地—空子网共同构成。机载计算机系统通过 IS 与地面计算机系统连接，实现信息互通。ES 是 ATN 中的各个用户计算机单元，为上层的应用提供端到端通信服务，同时也是人机交互的操作界面；IS 包括 ATN 的各子网络和路由器，用于在子网络间中转信息，使得不直接依附于同一子网的 ES 间能够交互各类数据信息。子网是基于各种不同通信技术的独立的通信网，用于 ATN 系统间的信息传输。不同的地—地和地—空子网在 ES 间提供多重数据通信路径。

ATN 将按照国际标准化组织（ISO）的开放互连（OSI）7 层模型来构造。主要由 3 个子网构成，即机载电子设备通信子网（数据链管理系统）、空地通信子网和地面通信子网（分组交换、局域网）。各类子网之间利用路由连接器连接，用户经路由器通过网关进入 ATN，再按照网间协议和标准进行信息交换。地面路由器确保将信息传送到要求的终端和飞机，并保存每架飞机的位置信息；跟踪系统配合地面网络，分析媒体的可用性，向飞机发送信息数据。飞机路由器确保飞机信息通过要求的媒体发送。

2. 网络组成

从网络结构来看，航空电信网主要由网络系统、中介系统和终端系统三部分构成，如图 3-14 所示。

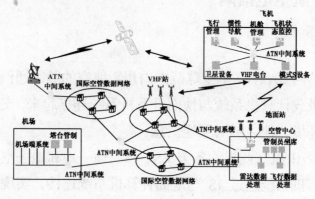

图 3-14　航空电信网组成示意图

网络系统由各种子网络组成，它是航空电信网中各系统间传输信息的物理媒体。新的航空电信网中的各子网络与现行的各种子网络有明显的不同，它们分为局域网和广域网。局域网用于在一个空管中心内部或一架飞机内部的连接；而广域网则用于航空地面系统之间、地空系统之间的连接。

在系统中网络的传输方式是，局域网采用以太网、令牌环网、FDDI等方式；广域网采用分组交换、帧中继、异步传输模式、ISDN 等传输方式；地空网络采用由 ICAO 制订技术标准中的航空卫星数据链、VHF数据链、S 模式二次雷达数据链、短波数据链等传输方式。

中介系统由航空电信网中域内路由器和域间路由器组成，它们负责将各种不同的子网络连接在一起，同时按照业务级别及可利用的网络结构来确定通过这些子网络的数据包传抵目的地系统的路由。作为中介系统的路由器软件，包括 OSI 参考模型的低三层及适用于不同形式系统的路由规程，路由器要考虑网络的互连性、服务的质量和安全，以及应用业务的影响来进行发送数据。ATN 中各路由器还负责与相临的路由器交换有关可利用的路由，它们的特性，传至终端系统的可靠性等信息。ATN 的路由器根据其支持的规程情况又分为静态或动态域内路由器和域间路由器，域内路由器在本域内使用，域间路由器则在与相临域通信时具有应用路由政策的能力。ATN 的路由器与 OSI 标准路由器的主要区别是，它有一套支持地空通信的特别的路由政策，它支持飞机进入和离开相关地面路由域时路由起始/终止程序的动态处理，以及当使用带宽有限的地空链路时地空路由器采用压缩技术来提高效率等功能。

终端系统是航空电信网中负责各种应用业务的计算机系统。由于 ATN 各终端系统需要与其他 ATN 的终端系统进行端对端通信，因此，ATN 终端系统中必须包括 OSI 全部 7 层规程堆栈来处理用于支持一种或 ATN 多种应用的适当的通信，ATN 终端系统还必须具有与空管自动化系统、飞机自动化系统及与管制员、飞行员人机界面的接口。

3.6.2　地—空通信

1. 超短波数据链

超短波 V/U 通信具有成本低，容量大，传输稳定可靠，使用灵活方便等优点，是目前新航行系统数据链研究最活跃的领域。其缺点是受视距传输限制，当飞机飞行高度为 10000m 时，空地最大传输距离为 350km，为此地面需建较多的地面站。V/U 数据链是视距通信，适合 ADS、ADS-B、CPDLC、放飞许可、海洋放飞许可、数字自动终端信息服务、空中交通管制（包括飞行放行许可、证实，管制移交、许可、地面管制、塔台管制、离场管制、进近管制、航路管制等）等业务和应用的传输。

2. 短波数据链

短波 HF 通信的特点是通信距离远（大于 1000km），地面只需建设少量台站便可实现大范围覆盖，投资少、见效快。它采用了实时选频技术、跳频技术及先进的 DSP 技术。HF 数据链系统的成本低，覆盖面大，比 VHF 数据链覆盖面积更大，更能符合我国海洋、边远陆地幅员辽阔、地形复杂的特点。HF 数据链系统非常适合部署在地广人稀的荒漠、草原及海面岛屿上，为军用飞行器提供导航和空中态势信息。

3. 卫星数据链

卫星通信具有覆盖范围大、工作稳定可靠、不受气候条件限制等优点，理论上只需 3 颗地球同步轨道卫星便可实现除南北极地区以外的全球覆盖。特别适合沙漠、海洋和边远地区等远程飞行时的空地通信。目前已有部分航空公司的国际航班采用 INMARSAT 卫星移动通信系统进行数据和话音通信；其缺点是建设、维护和使用费用较高。

4. S 模式数据链

S 模式二次雷达是下一代地基雷达监视系统，除去 SSR A 模式、C 模式的功能外，S 模式同时提供独立的监视能力。S 模式支持监视增强系统的功能，以及完全的地空数据链交互通信，并且是完全与 ATN 兼容的子网络。S 模式使用与飞机选择询问的技术进行通信，排除了 A 模式、C 模式现存的一系列问题。S 模式与 A 模式、C 模式完全兼容，通过一套广播电报，这些电报提供飞机的位置、速度、识别等改进 ACAS 性能。

监视增强系统，是作为 S 模式二次雷达的特别应用而定义的。它不仅涉及 S 模式二次雷达本身监视功能的实施（这种实施改善了现有的二次雷达设施的监视能力），而且可以由地面台通过 S 模式二次雷达的地空数据链从飞机上下载的机载参数。监视增强系统中，有 256 个数据缓存区可供地面系统用来定期地从机载设备中下载数据，用来改善航迹计算和用做供其他地面系统或工具使用。从机上采集的参数主要包括磁航向、速度、转动角度、航迹三角率、垂直率、真航迹角、地速、机上选发值等。

对通信功能而言，因为 S 模式的数据链仍沿用了 SSR 的工作方式，势必受到天线扫掠间歇的限制，其依赖于 S 模式的通信次数、速率和实时性差于 VHF 数据链。但对雷达功能而言，它代表了发展的一个方向。与 ADS 相比，S 模式二次雷达更适合在高密度飞行区域提供更加精确的航空管制。

3.6.3 地—地通信

1. 链路组成

目前普遍采用的通信手段包括有线通信（光纤、双绞线等）和无线通信（微波、短波/超短波、卫星等）两大类。其中，光纤通信具有频带宽、传输速率高（可达 10^{14}b/s 以上）、误码性能好（误码率优于 10^{-9}），保密性能好（传输时光波基本不外泄），在军航航空管制通信中可作为首选通信手段。微波通信具有频带较宽、传输速率较高（可达 10^{8}b/s）、误码性能较好（误码率优于 10^{-6}），并且其技术成熟，成本较低，在难以敷设光纤线路的地方可以作为主要通信手段使用。卫星通信的优点首先是几乎可以向地球任何地方发送大量的信息，其次其传输成本与通信距离基本无关，同时在远距离通信中无需像微波通信那样串接许多中间站，因而不会造成过多的失真积累。但受到卫星转发器带宽的限制（一般卫星转发器带宽为 36/72MHz），传输速率不高（一般在 $10^{3} \sim 10^{6}$b/s），在军航航空管制通信中可作为辅助通信手段。短波/超短波通信具有设备简单，架设方便等特点，但是它的频带窄、传输速率低（一般为 10^{3}b/s 左右）、误码性能差（误码率一般为 10^{-3}），保密性能差（传输时一般采用大功率全向发射），在军航航空管制通信中可作为备份通信手段。双绞线（电话线）通信是使用范围最广的通信手段，民用电话网络和军用电话网络的覆盖面最大，但其数据传输速率较低（一般约为 10^3b/s），保密性能较差。虽然目前使用 XDSL 技术可使数据传输速率达到 10^6b/s 以上，但其误码性能受到线路质量的限制，而且需要增加大量的设备。双绞线（电话线）通信（简称电话网络）在军航航空管制通信中可作为备份通信手段。

2. 数据通信网

军航航空管制通信地—地子网络实际上是一个数据通信网上叠加话音通信的专用网络，而航空管制信息的传输主要依托数据通信网。

数据通信网包括分组交换网、数字数据网、帧中继网和计算机互联网。

1）X.25 分组交换网　X.25 分组交换网是始于 20 世纪 70 年代的采用分组交换技术的网络。我国于 90 年代已经建成了一个覆盖全国的可以提供交换连接的 X.25 网。目前，X.25 网除了为公众提供数据通信业务外，电信网络内部的很多信息，如交换网、传输网的网络管理信息数据都通过 X.25 进行传送。我国的军用 X.25 分组交换网也已建成，目前部分机场军航航空管制中心间的航管信息是通过该网络传输的。这种网络的缺点是协议处理复杂，信息传送的时间延迟较大，不能提供实时通信。

2）数字数据网（DDN）　数字数据网（DDN）与 X.25 分组交换网不同，DDN 是为计算机提供固定和半固定的连接数据通道。随着计算机联网络的扩大（如银行业、证券业、航空、铁路、公安等部门都大规模部署计算机网络），DDN 成为计算机联网工程中重要的基础设施。DDN 采用的主要设备包括数字交叉连接设备、数据复用设备、接入设备和光纤传输设备。

3）帧中继网　帧中继网是在 X.25 网络发展起来的数据通信网。它的特点是取消了逐段的差错控制和流量控制,把原来的 3 层协议处理改为 2 层协议处理,减少了中间节点的处理时间,同时传输链路的传输速率也有所提高,减少了信息通过网络的时间延迟。帧中继网络由帧中继交换机、帧中继接入设备、传输链路和网络管理系统组成。

计算机互联网是发展最快的数据通信网。计算机互联网是一类分组交换网,采用无连接的传送方式,网络中的分组在各个节点被独立处理,根据分组中的地址传送到目的地。互联网主要由路由器服务器、网络接入设备和传输链路等组成。路由器是网络中的核心设备,对各分组起到交换的功能,信息通过逐段传送一直传送到相应的目的地,互联网采用 IP 协议。宽带 IP 网络是今后电信网发展的重要方向,IP 宽带网的建设可以采用 IP over ATM、IP over SDH、IP over DWDM 等各种不同的方案。

3.7　空域设计与建模

空域管理(ASM)是为了充分满足各方用户(军用航空和民用航空)的交通需求,提供最佳空域资源使用方案,而针对空域资源进行的规划、设计、分析、评估、仿真等一系列活动。

3.7.1　空域构成

根据我国现行航空管制法规的规定,对空域的管理和使用,是航空管制部门的基本职责。在航空管制范畴内,空域依其性质和用途,主要分为飞行管制区域、飞行空域、特殊空域和飞行情报区 4 大类。

1. 飞行管制区域

主要是飞行管制区、飞行管制分区(辅助区)、机场飞行管制区和飞行特许区。

2. 飞行空域

主要是军用飞行空域、民用飞行空域、共用飞行空域、通用航空飞行空域和科研试飞空域。其中，军用飞行空域通常指航空兵部队的飞行训练空域；共用飞行空域通常包括航路、航线、空中走廊、等待空域和空中放油区等。

3. 特殊空域

主要包括飞行危险区、限制区、空中禁区和对空射击（发射）区等。

4. 飞行情报区

主要是按照国际民航组织的协议、标准划设的飞行区域。由指定的空中交通管制部门负责向在该区域内飞行的所有航空器提供导航、气象等信息服务，以及告警、搜寻救援服务。

3.7.2 空域设计

空域设计就是组织和展开一系列优化空域网络的活动，既包括航路网络，也包括终端区空域。空域设计主要包括选择合适的评估机制，选择设计工具和确定数据源 3 部分，然后根据既定流程对空域进行规划和设计。在进行空域设计时，其流程主要包括 8 个步骤，如图 3-15 所示。

（1）确定问题。这一阶段主要明确地界定问题（如某机场延误严重）和利益相关者，以及分析问题解决后可能带来的效益等。

（2）初步评估。对问题进行初步评估，确定是否调整空域就能解决问题，空域解决方案能否取得预期的效益。如果确实属于空域问题，而且相应的空域解决方案也符合现行的相关规定，那么还要进一步分析当前的空域调整方案是否已经是最有效的，或者该方案能否立即实施。

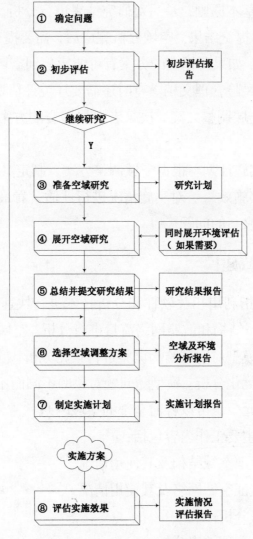

图 3-15　FAA 空域设计步骤

（3）准备空域研究。成立空域设计小组，制定研究计划，在各利益相关者之间进行协调。

（4）展开空域研究。空域研究的主要内容涉及空域使用时间和空域资源等。在这一步中，首先根据相关机制来详细描述问题，同时确定研究基线和多种分析场景；然后对每种分析场景进行建模；接着制定基线和分析场景的基本原则；最后对研究结果进行分析。

（5）总结并提交结果。空域分析完成后，需要提交相关分析材料，包括结论和建议。如果所提交的方案有可能影响到空域安全，那么还应该有专门的安全风险管理文档。有时还需要环境评估报告等。

（6）选择空域调整方案。决策者根据提交的方案，确定最后的空域调整方案。

（7）制定实施计划。根据空域调整方案，制定具体实施计划。

（8）评估实施效果。对实施情况进行评估，看最初的问题是否得到解决，有无带来新的问题。

3.7.3　空域建模

空域建模是指利用相关软件和分析技术进行快速仿真和可视化分析，主要针对空域结构和航路网络流量进行分析。空域建模的主要目标是利用数学仿真模型对空域结构调整进行量化分析，包括空域使用情况评估和空域容量优化分析。模型随问题对象的不同而不同，既可以针对局部管制服务单元，也可以针对全部的空域网络。

空域建模的主要工作内容包括：

➢ 设计并验证空域结构及其使用情况
➢ 设计并验证空域网络及其使用情况
➢ 空域容量分析
➢ 空中交通管理效率分析
➢ 验证新的 ATC 运行规则

第四章

航空管制的主要装备

　　空中交通管制装备是直接用于空中交通管制服务的各种系统和设备的总称，是保障空中飞行活动安全、顺畅、有序的重要手段，它包括机载电子、通信、导航、监视和管制指挥等多种类型的系统和设备，能够构成一个完整的空中交通管理运行环境。

　　在空中交通管制装备的构成中，机载二次应答机和高精度高度表是进行雷达监视和管制的基础设备，航行显示器和机载卫星导航定位设备则是新一代空中交通管制系统发展的基础。空—地电台用于管制员和飞行员之间的话音通信，是管制员对空指挥的主要手段；数据电台用于空—地数据链，使机载系统和地面系统之间的数据通信以及管制员和飞行员之间的报文交换成为可能，用于改善传统的管制指挥方式和手段。

　　地面导航台和助航设备为空中交通管制的实施提供了参照基准，是构成航路的主要设备，卫星导航设备则为航空器的自由飞行提供了跨地域、大区域的连续导航保证。机载航行显示器作为飞行员掌握其周围空情信息的重要手段，在飞机防撞、航线优选和自主导航方面将发挥重要的作用，并将逐步引发现行的地面集中管制指挥模式的变革。

　　航管雷达是目前空中交通管制监视的主体，根据其用途，可分为航路监视雷达、终端区监视雷达、精密进场雷达和机场场面监视雷达。自动相关监视系统则是利用卫星导航和数据链技术，由目标主动定位并报告自身位置实现的一种新的监视手段，已被许多国家广泛采用。

管制指挥设备包括管制中心指挥自动化装备、各类情报的处理装备和空域管理装备等，用于对各类情报的收集、处理、综合和人机交互操作，是完成空中交通管制的主体和专用装备。

4.1 管制中心系统

管制中心自动化系统主要由监视数据（雷达/ADS）处理、飞行数据处理、航空/气象数据处理、工作站功能、语音交换与控制、记录和重演、数据整理、时间同步、监视与控制、模拟训练、适应性数据管理等组成。

4.1.1 系统组成

管制中心系统设备主要包括接口管理设备、通信处理机、监视数据（雷达/ADS）处理服务器、雷达旁路处理服务器、飞行数据处理服务器、工作站、时间同步系统、记录与重演系统、语音交换与控制系统、双冗余网络系统，以及输入/输出设备。典型管制中心系统结构如图 4-1 所示。

4.1.2 硬件配置

典型管制中心系统的主要硬件配置包括双冗余通信处理机、雷达旁路处理机、双冗余雷达数据处理机、双冗余飞行数据处理机、双冗余网络系统、时间同步系统、记录重演系统、管制员通用工作站、技术监控工作站、地—空通信的语音系统，以及打印机、绘图仪等设备。

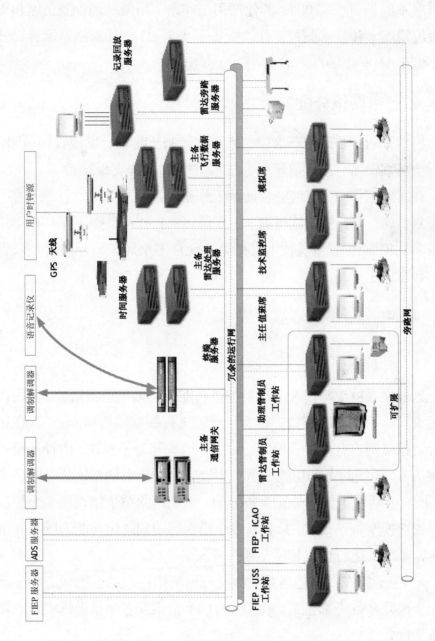

图 4-1　典型的管制中心系统结构

其中用做雷达管制员席位的工作站配备不小于28in的液晶显示屏，分辨率不低于2000×2000；其他通用工作站（用做助理管制员席和飞行情报编辑席）和技术监控工作站配备不小于 23in 的液晶显示屏，分辨率不低于1600×1280。

4.1.3 席位分配

典型管制中心的值班席位包括雷达管制员席位、助理管制员席位、飞行情报编辑席、主任值班席、技术监控席/系统支援席。

在实际工作中，任何一台通用工作站可以登录为雷达管制员席、助理管制员席、飞行情报编辑席、主任值班席；技术监控工作站只能登录为技术监控席和/或系统技术支援席；允许多个席位角色同时登录到任何一台通用工作站。

4.1.4 工作模式

1. 运行模式

这种模式由正常情况下执行关键功能所必需的设备组成，这些功能包括 RDP、FDP、时间戳、数据记录、飞行数据输入和 M&C。在这一系统运行级别中有两种子模式，即主子模式和备子模式。两种子模式都提供 ATC 系统的全部功能。系统中没有出现错误的系统状态即是主模式。所有的功能组件都是冗余备份的。系统内的单个错误或多个错误都将导致切换至备子模式。只有当多个错误影响到既定功能的所有冗余项目时，系统从运行模式切换至紧急模式。

➤ 主子模式：这是当系统中没有出现错误时的系统状态。全部功能和全部冗余备份都正常。系统内的单个错误或多个错误都将导致切换至备子模式

➤ 备子模式：这是当系统中出现一个或多个错误，但所有功能仍

然正常时的系统状态。错误导致失去冗余备份,例如在主设备修复前"备份"设备出现任何错误都将使得管制员无法使用该功能。如果一个主设备已经发生故障后其备份设备也发生故障,系统将切换至紧急模式。冗余设备修复后系统将切换回主子模式

2. 紧急模式

紧急模式是所提供的可用功能的简化组合,功能最简时仅显示雷达数据。紧急模式利用了在正常运行系统中各功能的分离和独立性,能够提供比最简雷达数据显示多得多的功能。按照定义,如果运行模式的任何关键功能不能正常运行,系统就将进入紧急模式。在这个级别的系统运行中有两个子模式,即简化运行子模式和仅有雷达数据子模式。

➤ 简化运行子模式:这是当系统的关键功能不可用时的系统状态。简化运行子模式的一个实例是两个记录处理器都故障,这将导致低于运行模式的故障,系统不提供记录功能但继续提供运行模式的其他所有功能,例如飞行数据处理

➤ 仅有雷达数据子模式:这是当除了雷达数据显示所需的基本功能集合之外,其他所有功能均不可用时的系统状态。从雷达接口到工作站需要有两条相互独立的数据路径,从而为雷达数据的显示提供高可靠性和有效性。只要有任何一条数据路径可用,工作站就可以显示雷达数据

✧ 第一条路径是正常运行系统,仅包括雷达通信服务器、雷达数据处理器和以太网。因此,发生在这一组设备之外的任何故障都不会中断雷达数据。如果系统处于运行模式,并出现多个不会影响这一组设备的故障,则管制员不需要做任何操作,雷达数据显示将继续维持正常

✧ 第二条路径是独立的紧急 LAN 和相关的雷达通信服务器。当运行的 RDP 或 LAN 出现多个故障时,它为管制员提供一条完全独立的数据路径。这种可选的数据路径在工作站中始终可用,管制员只需要选择相应的输入

4.1.5 主要功能

1. 监视数据处理

监视数据（雷达/ADS）处理主要完成对雷达数据、ADS 数据、雷达气象通道数据的接收、处理和融合，生成系统航迹，并对航迹进行监视，提供雷达告警（短期冲突告警、最低安全高度告警、侵入告警等）咨询。监视数据处理还包括实时质量控制（RTQC）、航迹与飞行计划匹配、遥传数据处理等功能。

雷达数据处理器分系统由 2 个雷达数据处理器（RDP）和 1 个雷达旁路处理器（RBP）组成。雷达数据处理器分系统的用途是对实际空域情况进行计算、管理、跟踪，并将这些情况进行精确的显示。RBP 的用途是在雷达数据处理器故障时向雷达管制员提供雷达数据。

数据处理包括对雷达登录、时间和高度的校正，滤除重要区域之外的雷达数据，以及报文验证。

雷达数据处理器分系统提供下述能力：

➢ 与外部雷达源连接，包括来自远地雷达转发数据

➢ 自动处理雷达数据，对在飞行情报区内的飞机创建并保持航迹

➢ 处理雷达报告的气象数据，生成气象信息的图形显示

➢ 监视航迹以便向管制员提供限制空域侵入告警（RAI）或最低安全高度告警（MSAW）

➢ 监视航迹以便当两架飞机之间的水平和垂直距离突破安全间隔时向管制员发出冲突告警（CA）

➢ 提供从一个区域管制中心向另一个区域管制中心传递雷达数据（遥传输入/输出）

两个雷达数据处理器和雷达旁路处理器由相同的硬件组成，但是它们的配置是不同的。雷达旁路处理器只是雷达数据处理器软件功能的一

个子集。雷达数据处理器和雷达旁路处理器都与冗余 LAN 相连接。

2. 飞行数据处理

飞行数据处理器分系统的主要功能是处理飞行数据。飞行数据处理器分系统从内部和外部信号源接收飞行数据。内部信号源包括区域管制中心内的工作站和 RPL 数据库。外部信号源包括飞行员、飞机、AFTN、FIN、军事单位，以及临近的区域管制中心。主要完成飞行报文的接收、发送、验证和处理，并将处理后的结果分配给系统有关用户。飞行数据处理还包括空域和区段管理、飞行移交管理、SSR 代码管理、重复性飞行计划处理、空中交通流量管理等功能。

飞行数据处理器分系统执行下述功能：

➢ 接收、处理和分配飞行计划数据，包括飞行计划与雷达航迹配对，以及移交的启动和接受

➢ 对飞行计划中预计的未来活动进行跟踪，并且在适当的时间启始触发子并通报这些活动

➢ 区段划分管理——将空域分配至区段的方式

➢ 使用输入航线的地理数据和适应性数据，将输入的航线转换为连续的飞行路径使用飞行速度、风数据和延迟时间计算飞机预计到达时间

➢ 管理 SSR 代码的分配、修改和释放

➢ 根据飞行是否在系统管辖之下来确定其 SSR 代码的类别

➢ 管理重复性飞行计划（RPL）

➢ 在助理管制员工作站上，控制飞行进程单的打印——飞行计划数据的输出

3. 航空/气象数据处理

航空/气象处理主要完成对航空气象报文（包括 METAR、SPECI、

TAFOR、SIGMET、GRID、NOTAM 和 SNOWTAM）的接收、分发、显示和管理。系统可以通过本地输入、航空固定电信网（AFTN）或飞行情报网获取航空/气象数据，用于对飞行轨迹的推算及高度校正。

4. 工作站功能

工作站功能是指各席位显示功能和用户操作功能，主要包括空情显示、操作模式选择、角色分配、状态信息和告警信息显示，以及用户操作、系统维护和管理等功能。工作站具备统一风格的操作界面，提供窗口管理能力。

5. 语音交换与控制

语音交换与控制功能完成管制员之间、管制员与飞行员之间的地—地、地—空通信，在管制值班任务中起着重要作用。

6. 支持服务

支持服务功能包括记录与重演、数据整理、时间同步、监视与控制、模拟训练和系统适应性等功能。

记录与重演功能完成对语音和数据的同步记录，并在席位上进行语音和数据的同步回放。数据整理功能完成对系统记录的各类数据的整理、统计和输出，为资料存档、情况报告和故障分析与处理提供可靠依据。时间同步功能获取 GPS 时间源信息，为管制中心各设备提供基准时间，保证全系统在时间上的同步。监视与控制功能完成对系统工作情况的监视与控制，包括监视外部接口状态、硬件设备运行状态、资源使用情况、软件进程和应用软件运行状况、冗余设备状态、系统错误情况等，并在控制命令下完成控制操作，如席位角色和模式切换、开机和关机、初始化、进程切换等。模拟训练功能完成人员训练、系统测试、评估及演示等功能。人员训练是指在逼真的空中交通管制环境下对飞行员和管制员的训练，它包括训练脚本准备和模拟飞行管理全部过程。系统测试、评估及演示是指通过预先设置若干脚本，模拟空中交通管制的各种情况及系统最大负载情况，评估系统能力，并为新版本软件的测试提供模拟环境。适应性数据管理功能是指通过专用管理工具对系统参数进行输入和更新，以适应不同现场的特定环境要求和不同设备的配置要求。

4.1.6　典型系统的能力和性能指标

1. 基本能力

1）处理范围　处理范围为 800km×800km，高度可达 30500m。

2）管制区段　划分为 3 个管制区段（或扇区），可扩展到 6 个区段。

3）雷达数据处理　支持 8 部雷达输入并可扩展到 12 部。

2. 可靠性、可维护性和可用度

系统每天 24h、每周 7 天、每年 365 天连续工作；对故障部件的现场级平均修复时间（MTTR）不超过 30min（将故障部件恢复到完全可操作的能力）；全系统可用度大于 0.9997。

4.2　AFTN网络

中国民航航空固定格式电报网（AFTN）承担中国民用航空局国内与国际的空中交通管理、飞行动态、航行气象及民航局有关部门业务事物处理等信息的交换。

中国民航航空固定格式电报网（AFTN）依托中国民航自动转报网，该网是根据国际民用航空组织（ICAO）航空固定电信网（AFTN）和国际航空电信协会（SITA）通信网的相关标准建设的。中国民航自动转报网以民用航空局的节点机作为网控中心（主节点），华东、中南、乌鲁木齐、西南、西北、华北、东北 7 个管理局的节点机作为分节点，分

别建立了 96 路中高速自动转报系统，在各省（市、区）局所在地及重要航站建立了 32 路自动转报系统。该网由近百套大、中、小型自动转报机，2000 余套各类电报自动处理系统和电报终端组成；网络服务覆盖境内所有民用和军民合用机场。

中国民航自动转报网共分 3 层，第一层是由民用航空局空管局与 7 大管理局组成的网状结构，主传输的方式采用 X.25 的 SVC 方式互联，备用方式使用异步线路，第二层和第三层是由空管站、航空公司、航站组成的树型结构，主要采用异步方式互联。各地转报系统中的同步互联，目前主要通过民航帧中继网络的 X.25 业务接口和 Vanguard 复用器 X.25 业务接口来提供接入。各地转报机之间大部分通过帧中继网络进行通信，Vanguard 复用器主要提供用户的接入。各地区的转报系统同步接口一般直接接入当地帧中继交换机的 HSO 板卡提供的 X.25 端口，接入帧中继网络。

该网络主要由民航数据通信网（帧中继网、分组交换组网）、地区空管局的复用器数据网和民航卫星网为中继传输电路，实现自动转报网络间的互联，目前 X.25 的传输方式是干线间主用方式，干线转报系统间及其他运行系统的传输采用 SVC 技术，建链的方式使用常联接或传输时再临时呼叫及信息接收方拆链的方式。每个端口可支持到 128 条 SVC，可以满足多个系统的互联互通。使用 X.25 的进行转报干线系统间互联，与多个国际 AFTN 接口，与国际 SITA 网的接口，与 THALES 的 Y-CABLE 直连，ACARS 电报的交换及中国航信的电报接口，空管转报系统与国航、东航的转报系统联接，它们遵循的标准协议是国际民航亚太地区通过 X.25 传输 AFTN 电报的 ICD（ASIA/PACIFIC REGIONAL INTERFACE CONTROL DOCUMENT（ICD）（FOR X.25 PROTOCOL FOR AFTN））及 SITA EMTOX BATAP 标准的 TYPE B 进行互联传输。

4.3　航空管制雷达

4.3.1　ASR—23SS/16雷达

1. 基本情况

ASR—23SS/16雷达是由加拿大雷神公司生产的L波段全相参、全固态、两坐标、16模块L波段中远程航管一次雷达，担负航空管制对空监视任务。

系统采用全固态、全相参、数字脉冲压缩、多参数捷变体制，圆极化和线极化可选，具有良好的抗干扰性能；采用超余割平方波束天线，形成余割平方、低角度锐截止的波束。

全系统自动化程度高，采取完全冗余设计，具有自动故障检测、自动故障隔离和自动设备配置重组，具有高可靠性和可用度。

2. 系统特性

具有故障时可自动重新配置的双通道接收机/信号处理机；改进型余割平方波束下边缘锐截止的高增益天线；自动切换的双波束；圆极化和线极化可选；具有多通道故障软化和可在线维修的全固态发射机；单通道频率分集，不需双工器模式；采用非线性调频波形，具有100∶1高脉压比的数字脉冲压缩；距离和方位自适应时间灵敏度控制（STC）；自适应4脉冲多普勒动目标检测（MTD）；本地控制和状态显示终端也可用于雷达维护显示器；独立的气象和目标处理通道；具有遥控控制诊断和性能监视的智能BITE。

3. 系统概述

系统由以下7个基本分系统组成：天线和基座组合；固态发射机；

接收机和激励器；信号处理器组合；点迹综合和数据格式转换器输出；本地和遥控端设备监视和控制；阵地控制和数据接口设备（SCDI）。

天线采用双馈源、双曲抛物面天线形式，在空间形成主波束和辅助波束。在检测气象和目标的正常工作模式下，采用圆极化方式，为增大目标探测距离，可选用线极化方式。天线的背部结构和传动装置在设计上允许在一次雷达天线顶部支撑大垂直口径的二次雷达天线。

采用全相参、全固态发射模块，构成具有故障软化功能的多通道并联式发射机。所有的发射机放大模块均在结构上彼此独立。任何一个发射模块故障，只要拔除并进行更换即可。在这个过程中，发射机仍不间断工作，这样就不中断一次雷达的工作。该雷达的其他电子分系统具有双通道冗余备份功能。

接收机内的激励器产生驱动发射机的波形信号，雷达系统工作两个指定的 L 波段频率上。以 4 脉冲组发射的信号与相参处理间隔同步，并且在相邻的间隔内频率交换一次，以实现单通道频率分集。在指定的频率内，引入 1MHz 偏置以去除雨杂波干扰。

从天线接收下来的信号直接被送到低噪声射频放大器上，然后经接收机的下变频电路送到直接转换器上，将模拟信号转换成数字信号用于处理。气象信号的检测采用了独立的接收机。

该系统采用自适应动目标检测（MTD）提供了在杂波和严重气象条件下良好的检测性能。通过使用圆极化器，可使由于气象杂波干扰引起的探测威力下降大大减小。信号处理完成脉冲压缩、动目标检测、跟踪和系统同步。MTD 采用了多项技术组合，以对目标和杂波进行区分鉴别。采用多普勒滤波器组按回波的速度区分目标，采用自适应杂波图对雷达响应进行优化，在整个覆盖区内保持虚警减小。MTD 对气象回波的处理采用了独立的通道，以形成具有 6 分层气象强度的气象图。MTD 的输出被送到点迹录取和航迹跟踪处理器上，进行有效性检测，将大的幅度检测转换为个别目标的点迹，建立起目标的跟踪文件，将现存的航迹与新的点迹进行相关。

一次雷达与加装的单脉冲二次雷达的点迹录取电路的两个输出被送到点迹综合录取器上进行综合，对一次雷达、二次雷达点迹进行格式化输出，并将综合的数据和气象图通过数据链按用户定义的数据格式（默认值是 ASTERIX）输出到管制中心。

具有冗余功能的点迹综合录取器将一次、二次雷达的目标报告合并。所有的目标报告均被分配有一个独立的文件编号，从雷达阵地送出的数据报告按下列形式分类：

➤ 气象报告

➤ 状态报告

➤ 二次雷达的目标报告

➤ 一次雷达的目标报告

➤ 综合的一、二次雷达的目标报告

该雷达可连续工作，内置自动故障检测和控制设备，可自动检测故障，并进行系统的重新配置，一旦故障，可将热备份通道切换到主通道上。维修人员可在本地或遥控端隔离故障到模块级。系统具有很高的可靠性，且易维护，确保系统在高的效费比下具有很高的系统可用度。雷达阵地设备的固有可用度经分析预计超过 0.99997。

4. 主要战术技术性能

1）覆盖范围　探测距离为 1～343km；最大探测高度为 18000m；方位角为 0～360°；仰角为 0～30°。

2）探测精度　距离≤278m；方位≤0.25°。

3）分辨率　距离≤463m；方位≤2.25°。

4）天线特性　尺寸为 13.4m（宽）×6.7m（高）；转速为 5r/min；增益为 36dB（低波束），33dB（高波束）。

5）信号处理　检测和处理 ≥750 批/帧；最大跟踪目标数 ≥900 批/帧。

6）开机时间　正常开机时间 ≤3min；紧急开机时间 ≤1min。

4.3.2　SIR—M雷达

SIR—M 是由意大利 Alenia 公司生产的二次监视雷达。按照 ICAO（国际民航组织）附件 10 和 STANAG（标准化协定）5017 规定设计的，这套系统可以询问符合 ICAO 协议飞行的机载应答机或 IFF（敌我识别器）上的应答机，接收到的应答信号通过 SIR—M 处理以后按照串行点迹的格式进行输出。

Alenia 公司生产的的 SIR—M 收发机采用单脉冲技术，使得雷达能够从应答机的单个应答信号中获取精确的方位信号，而传统的二次雷达系统往往至少需要 6~8 个应答。在 SIR—M 的单脉冲设计中，其接收机利用开放性阵列式天线双波束接收，即接收和波束 Σ、差波束 Δ，通过同一时刻由 Σ 接收机和 Δ 接收机接收到的信号幅度比值 Σ/Δ，可以获得应答机的 OBA（Off Bore Sight Angle，偏离天线瞄准轴的角度）信息。

SIR—M 设备的标准模式包括一个双机系统，一个射频切换组件和天线系统等几部分。而每个机器又都由录取器、询问机和电源组成。录取器使用 Alenia 自行开发的 VERA 计算机，运行速度快，为雷达提供了非常高的扩展空间，使得简单增加几个模块就可以使雷达从单脉冲模式扩展至 S 模式。询问机的主要功能是发射 1030MHz 的询问信号，接收 1090MHz 的应答信号并作相应的处理。录取器是系统的主要控制部分，同时还承担着产生询问脉冲编码、对接收到的信号进行数据处理等主要功能。接收机的原始视频信号被送到录取器，进行快速的分析、处理，数据录取和格式化，最后按串行方式送到雷达头处理器中形成航迹信号。

该 SIR—M 系统的天线可以与一次雷达合装使用，二次雷达天线架设在一次雷达天线的顶端，与一次雷达天线同步旋转，发射信号也与一次雷达保持同步。这样对装有应答机或没有安装应答机的目标都可以进行探测和定位。

1. 基本情况

SIR—M 具有双通道结构，通道 1 和通道 2 对称排列于切换（Change Over）模块的两边，其结构功能完全相同，由切换模块进行自动切换控制。因为航管二次雷达承担的是地—空通信的重要责任，因此必须随时保持于正常工作状态。若其中主通道出现故障，不能及时有效地进行地—空通信，系统会自动启用切换模块，切换到另一通道继续工作。这样就保证了航管二次雷达持续有效的运行，以确保机场交通的安全畅通。

飞机的应答机收到地面询问信号的触发后，向地面发射回答信号。该信号被航管二次雷达天线的 3 个波束（Σ、Δ、Ω）所接收，通过切换模块的分配进入其中的一个通道进行处理。以通道 1 为例，和信号、控制信号分两路进入耦合器（Coupler），经过环形器（Circulator）后送往接收单元（Receiver）。同时，接收单元也从切换模块处直接获得含有单脉冲信息的差信号一同进行处理，经过接收单元的滤波、放大、混频、检波等一系列处理后生成原始视频信号送往控制/录取单元进行进一步处理。控制/录取单元主要核心部分是录取器，其主要功能就是从接收单元输出的原始视频信号中判定回答的存在，滤除虚假目标，对目标坐标参数进行估值，并与其他参数一起格式化形成目标报告，送到控制面板（本地航迹处理器）进行进一步的后续处理。发射单元（Transmitter）把模式产生器产生的询问信号 P1，P3 和控制信号 P2 经调制器调制成 1030MHz 的高频送往天线发射。发射/接收、控制/录取单元都在统一的时序控制下同步工作。

2. 收发流程

SIR—M 发射、接收单元可分为 3 个部分，即发射单元（TX ASSY）、接收单元（RX ASSY）和切换单元（CHANGE OVER）。

1）发射单元（TX ASSY） 从控制/录取单元产生的询问和控制信号 P1，P2，P3 信号在 2KW 发射单元中被展宽成脉宽大于 0.8μs 的脉冲串，然后送到驱动发射和测试信号产生器（Driver TX And Test Pulse Generator）中。在这部分电路中，询问/控制信号与 1030MHz 的高频载波进行频率调制，成为脉冲宽度大于 0.8μs 的高频脉冲信号送回 2kW 发射单元。2kW 发射单元含有 4 个独立的可编程发射机放大器。在控制/录取单元的控制下，每个发射机放大器提供 500W 的发射频率。雷达天线有效覆盖范围被分为 128 个扇区，在每个扇区里发射机都能利用程序控制提供 5 种不同的发射频率。而且，在每个扇区里询问信号（P1、P3）或控制信号（P2）的发射功率能被发射机独立控制。

在发射驱动和测试信号产生器控制下，若发射脉冲的强度超过门限值，将会被禁止发射。同时，发射驱动和测试信号产生器产生 1090MHz 的高频信号作为测试脉冲，用以测试和（Σ）、差（Δ）和控制（Ω）通道。询问/控制脉冲信号 P1，P2，P3 在到达切换单元之前还要经过高频转换单元、环形器、耦合器。

高频转换单元把询问信号（P1，P3）和控制信号（P2）分离，然后分别把他们送往和（Σ）通道和控制（Ω）通道。控制/录取单元以旁瓣抑制门（SLS gate）的方式控制高频转换单元。然后，P1、P3 和 P2 通过环形器，环形器把它们送到天线然后发射出去。

在两种情况下（发射或接收），信号都要经过直接耦合器。一个是和通道（ΣChannel）的耦合器，另外一个是控制通道（Ω Channel）的耦合器。耦合器能使发射链和高频路径（VSWR）的发射频率监视器检测发送信号。有了控制通道耦合器就能插入测试脉冲，以检测控制信号的接收。

2）接收单元（RX ASSY）　来自回答机的 1090MHz 信号被开放式阵列天线所接收。天线用来接收两路信号，一路为和信号，一路为差信号。这样每个回答都能被不同的通道所接收。

两路信号都被送到限幅耦合器（LIC），在限幅耦合器中有一路来自测试信号产生器的 1090MHz 的高频信号，主要用于抑制发射机发射期间通过环形器泄漏的 1030MHz 的射频功率。信号从限幅耦合器出来后就进入高频放大器（RF Amplifier）。此部分主要用于改善接收机的噪声系数，提高接收机灵敏度。在此部分中高频信号被放大之后送往混频器（MIXER PIF）。混频器从本机振荡处获取 1030MHz 高频本振信号，将回答信号的载频变为 60MHz 的中频。然后，中频信号被送到幅度相位相关器（AP ACOR）。幅度信号接收器接收从修正信号输出的单脉冲信息，并对两路信号进行幅度相位信号相关处理。经处理过的两路信号被送往中频对数放大器（IF LOG）。在中频对数放大器中两路信号以对数的方式被放大。输出的 LOGΣ 信号和 LOGΔ 信号分 3 路输出，一路直接送往后续录取器进行单脉冲信息处理；一路以视频信号的形式被送到修正信号器（COS）进行归一化处理，所获得的 LOGΣ/Δ 与 LOGΣ/Ω 被送往录取器；还有一路以中频对数的形式送往 PHADE 产生代表目标偏离瞄准轴左右的符号标志。该标志被送往录取器以获得单脉冲信息。中频对数放大决定了接收机的频率响应和增益。因为中频放大器的增益高，在输入大信号时容易产生饱和使接收机过载，因此采用对数放大器以扩大整个接收机的动态范围。接收机中还有一个接收控制信息的通道，即控制（Ω）通道。控制通道是用来接收来自接收机旁瓣的信息。

总而言之，天线所接收来的信号要通过以下的处理流程：耦合器—环形器—限幅耦合器—低噪放大器—混频器—幅度相位相关—中频对数放大—修正信号（归一化处理，被录取器用于抑制旁瓣信息）。

3）切换单元（CHANGE OVER）　切换单元只存在于双通道的 SIR-M 雷达中。它用于在两个通道中切换接收或发射的高频信号。控制/录取单元中的通道变换逻辑控制着切换单元在告警的情况下变换信号通道。只有最符合工作条件的通道才会被这个变换控制逻辑选择来作为信号处理通道。

3．设备特征

➢ 高精度的方位、距离及分辨率

➢ 全部采用全固态、单脉冲技术接收机

➢ 可编程集成的控制/录取器，P1-P3 和 P2 脉冲输出功率水平可编程控制

➢ 大动态范围对数接收机，以及含 RSLS（对来自旁瓣接收的信号进行抑制）接收机通道

➢ 先进的自适应抗同步和异步干扰技术

➢ 全编程实现的模式和交织控制

➢ 可以实现完全的遥控使用和在线测试技术，并能自动切换选择更好的通道

4.4　机载告警与防撞系统

大型运输机之间相撞，特别是与民航班机空中相撞造成的不仅是经济损失，而且会造成无法挽回的政治影响。通常，多乘座飞机为防止飞机空中相撞，均采取了多种安全手段，安装机载防撞设备就是飞机在空中自主避撞的有效措施之一。

机载防撞系统（ACAS 或 TCAS）是现在国际上通用的防止飞机空中危险接近、相撞的最有效的机载系统。目前，该系统已发展到第二代，

即 ACAS Ⅱ。它不依赖于地面空中交通管制系统，在飞机发生危险接近之前，可直接向飞行员提出警告，并给出避让建议，使飞机相互避让，它具备的功能和提供信息的时效性及准确性都是地面系统所无法比拟的。因此，国际上很多国家均强制飞机安装该系统。

飞机安装 ACAS Ⅱ 设备后，飞行员能够通过该设备监测本机周围半径大约为 40mile、上下 3000m 范围内的飞行动态，通过与遭遇飞机间的相互询问和应答及数据分析，来确定是否有航线冲突。在地面管制能力受限的情况下，遇有情况能够及时应对，采取适当措施避免事故的发生。地面管制员也能通过与飞机沟通，了解到一些地面不能掌握的飞行动态。这样，大大增强了飞行员的主动性，增加了空中飞行安全系数，扩展了管制人员的监测范围，提升了地面管制的指挥能力。

4.4.1　系统分类及组成

机载防撞系统（ACAS）可为飞机提供空中分隔保证或回避碰撞，它通过接收、处理其他飞机应答机的回答信号，对周围其他飞机进行监视，并通过计算监视范围内其他飞机相对本机的飞行趋势，给出交通警告和回避碰撞建议。

ACAS 目前有 3 种类型，ACAS Ⅰ型是基本型，目前已不再装机使用，它是一种低功率、短距离系统，主要由 ACAS Ⅰ 处理器、ACAS Ⅰ 天线、一个 A/C 模式应答机及天线组成，仅能提供交通告警（Traffic Advisory, TA），向机组显示在监视范围内所出现的飞机，由飞行员决定采取何种碰撞回避措施。图 4-2 所示的 ACAS Ⅱ是目前主要装备的系统，主要由 ACAS Ⅱ处理器、ACAS Ⅱ天线、S 模式应答机及天线、控制盒和显示器组成，它在监视范围内提供飞机的航向、距离和高度信息，跟踪并显示对 ACAS Ⅱ询问作响应的飞机，向机组提供交通告警（TA）和决断告警（Resolution Advisory, RA），决断告警（RA）可通知机组立即操纵飞机在垂直方向（上升或下降）逃避的最短时间，以防止发生碰撞。ACAS Ⅲ是目前正在开发的系统，它既能提供垂直方向的决策信息，又能提供水平方向的决策信息，使飞机同时具备垂直和水平机动回避碰撞的能力，大大提高了飞机躲避碰撞的机动性。

图 4-2　ACAS Ⅱ设备外观图

4.4.2　系统的工作原理

ACAS 系统要正常工作，需要 S 模式应答机的配合。因此，装备 ACAS 系统的飞机，必定装备了 S 模式应答机。装备了 ACAS 的飞机，可以对装备有 S 模式应答机的飞机或 A/C 模式应答机的飞机作出 TA（交通咨询）或 RA（决断咨询）响应。ACAS 计算机内部同时具有 S 模式译码器和 A 模式译码器、C 模式译码器。因此，ACAS 计算机可以对装备有以上几种模式应答机的飞机的应答信号作出判断。具体工作过程如下。

首先，ACAS 系统会自动监听本机附近空域中装备有 S 模式应答机的飞机的发射信号。不论是否收到询问信号，S 模式应答机都会每隔 1s，向外发射 S 模式编码信号，该信号包括本机的 24 位地址码等信息。当 ACAS 系统收到 S 模式编码信号后，将该机的 24 位地址码加入到询问列表中，稍后 ACAS 会逐个询问列表中的飞机。此外，ACAS 还使用耳语大喊方案，对周围空域中没有装备 S 模式应答机的飞机进行询问，ACAS 会主动询问周围空域中装有 A/C 模式应答机的入侵飞机，因为 A/C 模式应答机必须在收到询问信号后才能进行应答，并且它们的应答信号中没有 24 位地址码，只有飞机编码或飞行高度等信息。对于 S 模式信息和 A 模式、C 模式信息，ACAS 计算机会使用与各模式对应的译码器进行译码，获得计算所需的入侵飞机高度、高度变化率等信息。通过测量询问信号发出到接收到应答信号的时间间隔，计算出入侵飞机的距离。通过方向性天线的定向性，获得入侵飞机的方位信息。这样就获得了计算入侵飞机飞行轨迹的全部所需信息，为进一步的计算做好准备。

其次，本机的其他机载系统会连续地向 ACAS 计算机提供本机的飞行参数，如位置、俯仰角、横滚角、飞行高度、最大空速等信息。ACAS 计算机在对入侵飞机的参数和本机的参数进行综合计算后，得到本机与入侵飞机的相对高度和速度。进一步通过计算判断出本机与入侵飞机的飞行轨迹是否具有相互冲突的可能。根据入侵飞机对本机的威胁状况，将入侵飞机分别归类为无威胁等级组、接近威胁等级组、TA（交通咨询）威胁等级组和 RA（决断咨询）威胁等级组 4 个威胁级别组。ACAS 的最大监视能力可达 30 架飞机。

最后，ACAS 向驾驶员适时地发出目视警告和音响警告。4 个威胁等级组内的飞机是以不同符号显示在 EHSI 上的，无威胁等级组是以白色空心菱形表示；接近威胁等级组是以白色实心菱形表示；TA（交通咨询）威胁等级组是以黄色实心圆形表示；RA（决断咨询）威胁等级组是以红色方块表示。只有当出现 TA（交通咨询）威胁等级或 RA（决断咨询）威胁等级时，ACAS 才会发出对应的声响警告信息。TA 和 RA 等级的判定是以 TAU 来决定的。TAU 表示入侵飞机到达与本机相遇点的时间。TAU 不是固定不变的，根据飞机高度，TAU 在 20～45s 之间变化。当入侵飞机处于 RA（决断咨询）威胁等级时，并且入侵飞机也装备有 ACAS 系统时，两架飞机的 ACAS 系统在语音警告的同时，会在 EADI 或 TA/VSI 上发出非常直观的垂直避让指令，该指令与入侵飞机的指令是协调好且互补的，按照指令操作可以避免飞机相撞。

4.4.3 系统的主要功能

ACAS Ⅱ系统的基本功能是进行交通告警和决断告警，它通过ACAS Ⅱ收发主机与其他装备了 S 模式、A/C 模式应答机的飞机进行询问/应答获取空中交通信息，并可进一步与装备 ACAS Ⅱ系统的飞机互相协同工作，实现安全分离，有效防撞。其主要功能有以下 8 项。

1. 监视功能

探测在 ACAS Ⅱ监视范围内出现的装有 S 模式或 A/C 模式应答机的飞机，建立航迹，比较并更新现存航迹。

2. 跟踪功能

对接近飞机进行跟踪，建立包括距离范围、相对方位和相对高度的跟踪信息，并计算接近飞机的相对位置、接近范围和高度变化率。

3. 防撞计算和决断告警（RA）显示功能

对出现碰撞危险的接近飞机，确定出本机合适的垂直机动飞行建议，并给出决断告警显示，以便本机与接近飞机之间达到或保持安全间隔距离。

4. 潜在威胁评估功能

利用跟踪数据的计算值确定接近飞机的潜在威胁。

5. 交通告警（TA）显示功能

提供周围空域接近飞机的交通显示。

6. 声响告警功能

通过座舱音频系统提供声响告警信息。

7. 空对空协调功能

对接近的存在碰撞危险并装有 ACAS Ⅱ系统的飞机，本机将会与入侵飞机建立一个协调数据链，确保两机之间的决断告警是协调和兼容的。

8. 空—地协调功能

ACAS Ⅱ收发主机可以与地面站通过数据链进行通信，ACAS Ⅱ收发主机可以将 RA 告警信息通过下行数据链发送给 S 模式地面站，以便航管人员进行分析。地面站航管人员可以通过上行数据链控制 ACAS Ⅱ收发主机的接收灵敏度以适应不同飞机密度的空域。

4.5　野战航空管制设备

4.5.1　组成

机动式进近管制系统（MACS）是 ITT 公司最新研制的集成战术管制中心系统，配置有对空监视雷达（ASR）、指挥控制子系统及精密进近雷达（PAR）。该系统具有高机动性，可以适应恶劣的地理环境，可采用多种运输手段如 C—130 实现快速部署。

MACS 适用于替代和支持由于自然灾害损坏的管制中心或战区空中管制，可以在全天候、各种自然环境下对军航、民航飞行进行指挥。经 US FAA 认证的 ASR 显示方式具有高分辨率、全彩色空情显示能力。每个子系统都集成了 MACS 通用数字通信组件，包括 UHF/VHF 无线电台，有线通信、语音记录及内部通信。

4.5.2　主要功能

ASR 子系统包括一/二次雷达天线/电站拖车及 ASR 工作方舱，其中有 2 个 MACS 终端自动化系统控制员席位，如图 4-3 所示。天线系统包括全固态 S 波段对空监视雷达 ASR 及单脉冲二次雷达 SSR，通过平衡的系统设计，ASR 具有优异的复杂环境下目标检测和防虚警控制能力，主要技术包括频率捷变、低旁瓣天线、高可靠性的发射机，以及先进的数字式动目标检测（MTD）多普勒处理和先进的自动目标跟踪。SSR 包括模式 4 的功能，监视范围可达 200mile。指挥子系统提供了 6 个货架多用途管制员工作站，可以处理天气信息、UHF/VHF 通信、数字化语音及话音记录。显示处理系统可以在单一显示器上显示 PAR、ASR 数据等能力。

图 4-3　ASR 子系统

图 4-4 所示的是指挥控制子系统。

图 4-4　指挥控制子系统

基于世界范围内验证过的 PAR—2000 系统 MACS PAR 采用了高机动、紧凑型加固设计方法，该系统包括一部符合美军标准的 S—280 方舱和 PAR 电源拖车，该方舱可以选择安装在转盘上，可以轻松实现 6 个跑道方向覆盖能力。PAR 天线和电子设备安装在 PAR 方舱中，具有高可靠性和可维护性。图 4-5 所示的是 PAR 子系统。

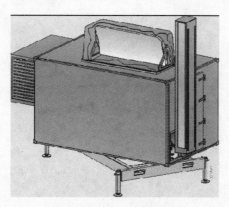

图 4-5　PAR 子系统

MACS 通用数字通用部件允许任何一名管制员在任何席位都可以使用本方舱内或其他方舱内的无线电台、有线通信及内部通信等设备。管制员可以访问助理管制员席位的设备，无需更改配置地图或降低系统的性能。所有的对外、对内通信都由一部 80 通道的语音记录仪进行通信记录。

第五章

航空管制的作战应用

5.1　战区空域管理

所谓联合作战，就是指两个或两个以上军种部队参加的作战行动。现代战争的性质要求实施整体作战，以发挥整体威力。联合作战就是最有效地使用国家力量，发挥其整体作用，从而达到战争目的。在联合作战中，联合部队所属的各军种部队能提供一系列作战能力，可供联合部队指挥员进行选择，将各军种作战能力变成联合部队的整体作战能力。联合部队的指挥官可根据需要挑选空中、地面、海上和特种作战力量构成优化组合，去完成指定的任务。这样组成的联合部队可使指挥官从各维空间及各个方向投入压倒优势的力量，从而震撼、瓦解和击败敌人；有机地结合在一起的联合部队使敌人无虚可乘，无隙可击。而联合部队却可迅速而有效地发现和攻击敌人的弱点。联合部队的多样性和灵活性有助于扩大指挥官的战役和战术选择范围，能最有效地将地面、海上、海下、空中及空间的作战行动融为一体，就是人们经常说的"地天海空一体战"。因此，联合作战既有助于已方以弱击强，又能避免暴露己方弱点，还能以多种手段打击敌人，是进行战争的最好方式，也是制胜的关键。而战区空域管制是组织、协同和控制空域的使用，以增强军事行动效能的行为。最高决策部门和军事行动指挥员有权决定是否采取作战行动，而空域管制部门没有赞成、反对或否定作战行动的权力。空域管制部门是在上级部门决定采取作战行动后，向指挥员所组织的军事行动提供能够根据具体作战行动而灵活变化的高效的空域管制服务，使军事力量在联合作战行动中充分发挥效能。

5.1.1　战区空域管制的主要特点

1. 规范性

战区空域管制必须制定相应的规则。空域管制规则是用来整顿空域的手段和方法的程序系统。它可以将我方飞行器与敌方飞行器区别开来，也可以使所有的空域使用者在作战地区上方某一空域和某一时节相互协调地进行作战，从而保证在风险最小的情况下获得最大的战果。

2. 灵活性

空域管制系统必须把所有空域用户结合起来，机动灵活地对军种部队指挥官不断变化的需求做出反应。这个系统能够加强联合作战指挥员使用部队的能力，是空中作战方案的基本内容，在提高战斗效率的前提下，减少误伤的危险。

3. 针对性

战区空域管制的主要目的是：

（1）促进空域的安全与有效使用，让使用者受到最小限制。

（2）适应国际协定、敌我兵力结构及其部署和作战行动的变化。

（3）适应指挥员的方案与决心、作战环境的变化的需要。

4. 时效性

在高技术条件下的空中战役中，空域管制将面临如下新的特点。

（1）由于空中战役是联合战役，从战役力量的组成上看，战役参战的兵、机种多，作战单位之间协同关系复杂。

（2）由于现代高技术空袭兵器隐身性好，速度快，突防能力强，要求空域管制与防空作战必须具有整体协同性。

（3）由于空中力量的特有属性，空中战役在形态上具有战役节奏加快，战场态势瞬息万变的特点，对管制时效性提出了很高的要求。

5.1.2 战区空域管制的主要方法

战区空域管制的主要方法随着军事行动在战争条件下和非战争（其中既有战斗行动，也有非战斗行动）条件下的不同特点而变化，包括对空域管制区内所有空中目标的主动管制和程序管制，同时还应把主动管制与程序管制有机地结合起来。

纯主动管制可以依靠雷达、其他各种传感器、敌我识别/选择性识别、数字式数据链和作战指挥控制系统的防空网络的其他组成部分等手段，对空中目标实施主动的识别、跟踪和指挥。纯程序管制可以依靠事先约定并且发布的空域管制措施来实施，这些空域管制措施包括全面的防空识别程序和交战规则、低空穿越航线、最小风险航线、最小风险高度层、飞机识别机动，以及火力支援协调措施和协调高度等。在任何情况下，所有的任务都要遵循空域管制指令。空域管制体系应当随敌方威胁条件的发展和战术态势的变化而做相应的调整。联合力量作战指挥官根据作战企图，以空域管制计划的形式，决定采取相应的空域管制方法。主动空域管制和程序空域管制的特点如图 5-1 所示。

我方空中、地面和海上武器系统与敌方航空器交战是作战行动的重要方面。这些作战行动应当尽可能密切协同，并且要全面协调，以确保我方战斗力量的所有方面在战斗中充分发挥其作战效能。这样可以避免在未加协调的情况下同时交战，防止对突入的敌方航空器未能予以抗击，

纯主动管制

依靠如下方法，主动识别、跟踪和指挥飞行器：

- 雷达
- 其他传感器
- 敌我识别/选择性识别
- 数字式数据链
- 作战指挥控制系统的其他组成部分

纯程序管制

依靠事先约定并且发布的空域管制措施来实施，这些措施有：

- 全面的防空识别程序和交战规则
- 低空穿越航线
- 最小风险航线
- 最小风险高度层
- 飞机识别机动
- 火力支援协调措施
- 协调高度

图 5-1　主动空域管制和程序空域管制的特点

以及避免误伤我机。战区空域管制和区域防空作战行动都同与敌交战的行动密不可分。进而，与敌交战的行动同联合作战指挥官的所有战略性战役计划或战役计划密切相关。战区空域管制系统在识别敌我航空器，确保己方飞机安全通过联合力量作战责任区/作战责任区，以及在区域防空网络中协调、发布信息等方面起着关键性作用。可靠的话音和数据通信，使用适当的联合程序，有效的联合培训和演练，以及互派联络官等，对于信息传递都是非常必要的。同样，有关部门联合制定计划并加强相互间的协调，对于在敌对行动开展前以最佳的方式部署防空资源，也是极其重要和必要的。

5.2 战争中的典型应用

5.2.1 海湾战争中的航空管制

1991 年 1 月 17 日开始，历时 42 天的海湾战争是第二次世界大战结束以来最大的一场战争，也是有史以来时间最短的一场大战。其猛烈和速决，主要是由于空中力量的大规模集中使用造成的。

在海湾战争期间，民用航空公司经常将战区上空的空中交通管制权移交军方，而军方则根据战场规模的大小，把空域划分为几个区域或分区，然后每个区域或分区隶属战术航空兵控制系统中的一个部门控制，如空中预警指挥系统或管制与报知中心。空中交通管制权交给军方的主要原因是：

（1）海湾地区集结着大量飞机；

（2）有必要对军用飞机进行专门的空中交通管制；

（3）防止敌方部队空军可能发起的突袭。

大部分空域的管制程序和防御手段都是战场上特有的。

1. 多国合作

防空和空中交通管制是与战术航空兵控制系统职能相关的两个关键问题，战术航空兵控制系统有效动作时，可保障航空兵指挥官及其所属部队的安全，使敌机不对己方重要目标构成威胁，同时保障己方作战飞机和运输机自由地进出己方空域。在"沙漠盾牌"和"沙漠风暴"行动中，既要监视控制和保卫庞大的空域，又要使沙特阿拉伯的民用交通管制不受影响，这就使问题变得复杂了。管制机构要负责保证多国部队及盟国部队飞机在各自的地面部队及盟国地面部队上空自由地飞行，这并不是一件简单的事情。从通信和情报的角度看，要想实施有效的空域监视与管制要求，必须制定灵敏而又可操作的规定，并安装有关设备，部署训练有素的人员。

沙特阿拉伯坚持要对所有多国部队实施严格的空域管制，他们要求应提前 2 周公布 36 个航空兵训练场的训练计划。因此，由沙特阿拉伯皇家空军和中央总部空军联合发布的每日空中任务指令必须涵盖战区所有的训练飞行情况。然而，沙特阿拉伯政府却没有建立有可靠通信和雷达保障的统一空域监视与管制系统。

20 世纪 80 年代中期，美国和沙特阿拉伯达成协议，由波音公司研制并部署一套称为"和平盾牌"的空域监视与管制系统，该系统可将陆基雷达、管制设施与空中预警机有机地结合起来。1990 年 8 月，该系统还没有建成，所以多国部队空军还无法跟踪训练飞行情况。例如，沙特阿拉伯的空中预警指挥机不能将其机载雷达图像传输给美国的空中预警指挥机。相反，它需要将图像先传输至位于利雅得的沙特阿拉伯的区域作战中心，然后再将部分图像传输至附近的美国战术航空兵控制中心。同样，虽然战术航空兵控制中心能向位于区域作战中心的沙特阿拉伯空中预警指挥机指挥系统提供所有美国空中预警指挥机的全部图像，但这种图像无法传输给升空飞行的沙特阿拉伯空中预警指挥机。实际上，这就意味着在"沙漠风暴"行动初期，在空中巡逻的沙特阿拉伯的 F—15 战斗机只能与沙特阿拉伯的空中预警指挥机配合，而美国的空中预警指挥机在夜间与美国的截击机配合。

2. 空域管理

空域管理是对防空的补充。防空的目的是使入侵敌机不对己方构成威胁，而空域管理的目的是使己方飞机相互之间不受干扰，尤其是在己方地域上空互不干扰。

"沙漠盾牌"和"沙漠风暴"行动期间，中央总部空军战斗空域管理机构采用了一种独特的计算机工具（即战斗空域冲突缓解系统）来制定空域管理指令。

由于预见到会出现空域爆满的情况，中央总部参谋人员制定了计划，一旦发生了危机及在危机开始时就征用美国的空中交通管制人员及装备。但是"沙漠盾牌"行动及以前的计划并没有准确地预见到空中交通管制的工作量会如此巨大，有可能超过现有空中交通管制的能力。例如，吉达空中交通管制中心负责管理连接沙特阿拉伯与欧洲和非洲的空中航线，1990 年 8 月 2 日以前，吉达空中管制中心每月处理量为 3.6 万架次；而到 1990 年 9 月 15 日，吉达空中管制中心的交通流量增加到平均每月 5.4 万架次，直到 1991 年 1 月 15 日依然保持这一水平。由于雷达和无线电对沙特阿拉伯空域的覆盖范围很有限，"沙漠盾牌"行动期间，巨大的交通流量就使得空中交通安全问题日益突出。为了对这一态势加以控制，中央总部空军将更多的空中交通管制装备和人员调入该战区，最后在 3 个驻在国空中交通管制中心里设置了 7 个雷达进近管制机场，17 个机场塔台和多个联络小组，在美国的机构中配备了 161 名管制员；为驻在国管制机构配备了 85 名管制员；在联络机构中增加了 60 名管制员；在中央总部空军参谋部中增配了 14 名管制员协调管理战斗空域；陆军、海军和海军陆战队也部署了制式战斗空中交通管制装备和人员，保障直升机、海军陆战队飞机和航母舰载机的作战使用。

到"沙漠风暴"行动开始时，战斗空域管理员在复杂的空域结构中有效地管理了多军种多国的航空兵每天进行 3000 架次飞行，需要加以监视和管制的区域、地域、航线和空域的数量极大，包括 160 个限制作战地域、122 个空中加油空域、32 个战斗巡逻区、10 条空中转运航线、

36 个训练空域、76 条突击航线、60 个 "爱国者" 地空导弹作战区、312 个导弹作战区、11 个高密度飞行管制空域、195 条陆军航空兵飞行航线、14 条空中走廊、46 条风险最小航线、60 个火力限制地域和 7 个空军基地防御区。

3. 战时的民用航空管制

在战区以外, 全球民用空中交通管制网中某些部分最初也疲于应付通过各地的数量迅速增加的军用飞机空中转场, 原因之一是许多地区缺乏地面管制员对飞行活动实施主动管制的无线电及雷达保障条件。为了克服这一困难, 通常在特定的时间内, 对飞出主动雷达覆盖区的飞机下达高度保留的指令, 允许飞机之间保留一定的间隔标准和高度差。"沙漠盾牌" 行动期间, 全球空中交通管制系统受到跨洋飞行进入海湾地区的大量飞行活动的干扰, 美国国内的空中交通管制计划人员并没有预测到军用飞机空中转场批数的增加对全球民用空中交通管制系统的高度保留部分已爆满, 因而部署飞机飞行活动的计划就可能得不到批准。例如, 在太平洋地区, 美国武官就与驻在国政府接触, 以期得到该国空中交通管制中心的批准, 为美国军用飞机的空中转场飞行活动颁发定时高度保留通知书。

在 1991 年 1 月 16 日空中战役开始时, 军事当局对沙特阿拉伯上空的空域实施了战时管制。在 1 月 16 日当地时间 3 时, 吉达空中管制中心正在负责管制的 315 架民用飞机, 仅在宣布战时管制后的 10min 里, 该中心就将这些飞机由民用管制机构向军事管制当局移交, 在 48min 里, 所有民用飞行活动要么在飞行情报区内着陆, 要么飞离飞行情报区, 在相邻的埃及飞行情报区着陆。有许多飞机计划飞往沙特阿拉伯, 美国的空中交通管制联络人员协助埃及的管制人员安排部分飞机在开罗东国际机场着陆。为了保证至关重要的军事活动顺利进行, 上述空域由一个国家平时管制向战时多国军事管制进行了平稳移交, 反应出计划与协调工作的及时有效。

5.2.2　伊拉克战争中的航空管制

美国对伊拉克战争从 2003 年 3 月 20 日当地时间凌晨开始，到 5 月 1 日美国总统布什宣布大规模军事行动结束。伴随着巴格达市空袭警报的响起，美军使用"战斧"式巡航导弹和 F—117 隐型轰炸机开始对巴格达实施首次攻击，从而拉开了伊拉克战争的序幕。

此次战争，美英联军以"斩首"行动开始，采用远程精确空中打击为主要手段，以伊拉克的核心首脑人物、伊军的指挥与控制系统、共和国卫队等精锐力量为攻击目标，以空地整体快速推进、空地并行突击为联合作战样式，体现了新的作战思想。尽管其整个作战过程"悬而不惊"，但就其战区空域管制而言，却具有许多特点。

1. 战前准备充分

"凡事预则立，不预则废"。推翻萨达姆政权是美国蓄谋已久的战略目标。2002 年初阿富汗战争基本结束时，美国就抓紧制定攻打伊拉克的作战计划。同时，利用在伊拉克设立的南北两个"禁飞区"，取得了局部战场空间的控制权。经过近一年的多次航空侦察和先期空中打击后，基本瘫痪了伊拉克部署在边境地区的防空系统和通信网络，再加上海湾战争后对伊拉克的经济制裁及武器禁运，使伊拉克基本失去了对空作战的能力。在这次战争中，空域管制范围涉及伊拉克、科威特、卡塔尔全境和波斯湾北部海域上空，以及沙特、土耳其部分空域，其中沙特、科威特、卡塔尔对美英开放领空，伊朗保持中立，因而战前美英联军就实际上掌握了战区空域的管制权。按照美国参联会批准的《交战地区联合空域管制概则》，2002 年 11 月，美空军在卡塔尔乌代德基地建立的联合空中作战中心内设立了战区空域管制机构。2002 年 12 月，在沙特苏丹王子空军基地开设了对伊作战的空域管制指挥和协调中心。美中央战区指挥官弗兰克斯将军任命了一名经验丰富的空军空域管制指挥官为中央战区空域管制指挥官，负责协调和集中使用空域管制区域，制定空域管制计划等。同时，建立了上至中央战区作战指挥中心，下至各军种力量构成单元的空域管制系统，负责整个战区的空域管制组织、实施工作，并从美本土紧急征调管制人员。在伊拉克战争期间，担负战区空域管制任务的军方管制员就达400余人。在管制设备和设施准备上也给予了大量投入，至2003年3月20日前，美军已完成各空域管制指挥中心的通信和有线宽带网络连接，并在指挥中心与机动作战部队之间建立了无线网络连接，实现保密互联和信息快速传递，确保空域管制指挥官和区域防空作战指挥官在机动环境中实施有效的指挥和控制，提高部队的灵活反应和联合作战能力。美英联军在战前围绕着战区空域管制所做的各项准备，为其战场部署、战略空运、空中力量运用、多机种联合使用和猛烈的火力攻击提供了安全、灵活、机动的空域保障。

2. 战区空域管制灵活高效

战前，美国曾分两个阶段向伊拉克周边地区部署兵力投入了作战使用。战争期间，美英联军动用各型战斗机、轰炸机、运输机、直升机，以及电子对抗、情报侦察、指挥预警等飞机2000多架，还有近10种无人驾驶飞机投入作战。仅在战争前两周，美英联军就出动上万架次飞机，向伊拉克发射了750枚巡航导弹。各类飞机和巡航导弹的使用，占用了大量的高度层和水平范围，涉及超低空、低空、中空、高空和超高空的全维空域。为保证各种空中作战单元、地面防空火力按照联合作战指挥员的意图有序地遂行作战任务，美英联军针对海湾地区战区空域相对狭小和自然环境恶劣的特点，采取了有力的管制措施。

（1）成立了三级管制体系，将战区空间划成4个管制责任区，在中央战区管制中心领导下，成立区域管制中心，并在各军兵种部队设立了相应的管制机构。中央战区管制中心负责制定整个战区空域管制计划，划定、管理各类空域；区域管制中心依据管制计划，结合本责任区内兵力部署、担负的任务、自然地理情况等因素，拟制具体的管制实施方案；军兵种部队管制机构主要负责向上级提出空域使用要求，拟制详细的空域管制程序和指令报上级批准，并具体实施空域管制任务。

（2）颁发了战区空域管制通用程序和应急管制程序，包括全面的防空识别程序和交战规则、低空穿越航线、最小风险航线、最小风险高度层、飞机识别机动及火力支援协调等，保证了战区管制的统一性。

（3）根据联合作战指挥官意图，随着作战态势的变化对空域管制计划进行相应调整，并依托地面管制系统与空中的预警指挥平台，综合运用主动管制和程序管制措施，保证战区空域管制具有最大限度的灵活性。

（4）加强综合信息的获取，利用先进的 C^4ISR 系统和管制设备，对所属联合部队、作战单元实施全时段、全方位统一高效地管制指挥，加快了各类管制信息的传输和获取，使英美联军可以根据战场形势的变化，灵活地使用空中力量，保证在最短时间内，在特定的空域内快速集结兵力并投入作战。

3. 战场空域协调严密

与以往作战不同，美英联军主要采取空地一体、快速推进的作战样式，在空中精确打击的同时，地面部队快速推进。由于参战力量多元、作战样式不同，在战区空域管制方面，美军通过各级空域管制指挥机构进行了周密的战区空域管制协调。

（1）联合作战部队之间的管制协调。除美国外，这次参战的还有英国、澳大利亚等盟国，为协调多国联合部队作战中对战区空域的使用，战区空域管制指挥中心统一协调安排空域的使用，并根据作战计划中明确的作战地域和分配的作战目标，划设了战区空域管制和责任区范围，并制定了相应的战区空域管制协调规定。同时，参战的美英部队海、陆、空等军兵种之间，作战力量构成之间，也按照战区空域管制的规定，制定了严密的区域管制计划和协同规定。战争中，美英联军为了尽快达到作战目的，将久攻不下的伊拉克南部重镇巴士拉交由英军负责，美军长驱直入，直取巴格达。为了达到作战效果，每天有大量的作战飞机飞越英军管制范围，支援巴格达作战。两军空域管制部门根据战区空域管制中心的统一指令，临时划定了突击走廊和进出航线，明确了运行程序，制定了详尽的协同措施，满足了作战任务的需要。

（2）作战部队空地之间的管制协调。战争伊始，美英地面部队即开进伊拉克，实施了空地一体作战。为了有效地夺取制空权，降低误伤、误射的风险，达成空—地之间的作战协同，保障昼、夜间及各种气象条件下的军事行动，战区空域管制中心依据作战计划、战区空域管制通用程序，对战区内的空域进行了合理分配，划设了突击走廊、航线，空中禁区、限制区、待战区、防空区等，明确了地面防空武器的攻击地带和高度范围，同时派出了机动式管制机构，随地面部队行动，综合运用各种管制手段和方式，及时实施对空管制协调，提高了空地作战力量使用的灵活性。

（3）空中作战空域使用者之间的协调。为实现作战目的，高度集结的空中武器系统同时使用一个空域。如美军在进攻巴格达时，在高空活动的有预警机、战略轰炸机和高空久航无人机；中高空有电子作战飞机及无人机；中低空有对地突击、支援掩护飞机及反辐射飞机等；低空有 A—10 攻击机、F—15E 作战飞机及 RQ—2 战术无人机等；超低空还有作战直升机、巡航导弹。为了适应这种复杂的战场环境，美英联军要求所有空域使用者在执行作战任务时，必须熟悉战场空间态势和周围空域环境，根据作战任务，严格按照既定的突击航线和高度飞行，并通过地面和空中管制指挥系统数据链传输的信息和发出的指令，紧密沟通，互相协调，化解矛盾，从而减少了误撞、误伤等问题的发生。这些高效的沟通和协调，为成功实施作战行动提供了有力保障。

（4）国际间空域使用的协调。对伊战争中，美军曾出动 B—1、B—2、B—52 轰炸机对巴格达等地进行空袭。这些轰炸机主要部署在英国的费尔福德空军基地和印度洋上的迪戈加西亚岛。从英国费尔福德基地起飞的 B—52 飞机，每次均为双机、四机或八机编队飞行 6～7 个小时，跨越欧亚若干个国家进入战区实施轰炸。从印度洋上的迪戈加西亚岛起飞的飞机也需飞越印度洋和几个阿拉伯国家，使用和穿越数十条国际航路、限制区等。据统计，从 2003 年 3 月 22 日至 4 月 8 日，仅跨保加利亚领空的美英轰炸机就高达 877 架次。为了解决国际空域使用问题，战前美国防部的国际空域使用协调机构，与所涉及的国家预先进行了有关领空及国际航路使用等事宜的协调，得到了一些国家在空域使用上的支持，如沙特就为美英联军专门提供了 6 条固定穿越航路。中央战区管制中心在管制计划中也拟制了详细的协调方案。战争中，战区空域管制中心根据作战任务需要，将涉及的国际飞行，通过中央战区、FAA 驻外机构与相关国家管制机构进行密切协调，委托飞越国军民航管制机构提供相关服务，从而为战争的远程火力和后勤支援打开了畅通渠道。

4. 战争期间空运任务重

战争期间，美军的军需给养、弹药的大部来自美国本土，大量作战人员也采用空中运送方式直接部署到海湾。为满足战局发展的需要，许多作战物资均需空运至美英在海湾地区的基地，尔后，使用直升机空运至战场前线，军事空运和安全是美英联军后勤支援的重要任务。为了满足繁重的军事空运需求，美英在战场专门划设了空运安全通道，尽量避免与其他空中走廊、防空火力打击区、防空区、防空识别区、防空作战区、空域管制区等冲突，并从航线、方向、高度、时间上进行协调和管制。例如，美军原计划利用土耳其军事基地和领空开辟北部战场，但未得到土耳其议会批准，因此美军决定将部队调至伊拉克南部。为此，美军动用了几十架大型军用运输机，在战区空域管制中心统一管制和协调下，在较短的时间内就完成了军事空运任务。美军攻占巴格达国际机场后，抓紧修复，开设了机场管制中心，于次日就对其运输机开放使用。

虽然美英联军采取了周密的战区空域管制措施，但还是出现了一些失误，如3月22日，英国皇家海军的"海王"直升机在海湾北部上空一个狭小的空域内巡逻，地面指挥系统为了防止伊军发现飞机而减少了飞行管制指令，并限制直升机的空域使用，导致飞行员在狭小的低空域范围内无法精确操纵飞机，致使两架直升机相撞。两天后，一架美军F—16战机因被地面"爱国者"导弹雷达锁定，竟自动发射了反雷达武器进行攻击。另外，还发生了美"爱国者"导弹击落英军"旋风"战机和美军"大黄蜂"战机的事件。这些误伤事件的发生，足以说明战区空域管制的责任重大。

第六章

未来发展——新航行系统

6.1 新航行系统概述

新航行系统是国际民航组织（ICAO）于 1991 年提出的主要基于卫星和数据通信技术的新一代航行系统，经不断地研究和完善，逐渐形成了通信、导航、监视和空中交通管理（CNS/ATM）系统概念。新航行系统通过对新技术和手段的引入，将极大地提高现有航行系统的安全、容量和运行效率。近年来，卫星技术、数据通信技术、计算机网络技术和自动化技术的迅猛发展，使空管系统发生了深刻的变革。

6.1.1 卫星技术对空管系统的影响

卫星导航是通过接收导航卫星发送的导航定位信号，并以导航卫星作为动态已知点，实时地测定运动载体的在航位置和速度，进而完成导航。卫星导航技术具有高精度、多功能、全球性等优点，解决了航路设计受限于地面设施的问题，也为远距或跨洋飞行提供了实时定位导航的手段。因此，卫星技术从根本上克服了陆基航行系统固有的而又无法解决的一些缺陷，如覆盖能力有限、信号质量差等。

6.1.2 数据通信技术对空管系统的影响

数据通信技术的开发利用要实现空—地、地—地可靠的数据交换，并进一步实现空—空数据交换。空管系统将要使用的新的通信系统包括航空移动卫星服务（AMSS）通信、VHF 地—空数据链（话音和数据）和二次雷达 S 模式数据链等类型，并在此基础上逐步建设全球范围的航空电信网（ATN）。新一代的通信系统将克服现有话音通信的缺陷，并且以极高的精度和可靠性实现在全球范围内的信息交换。

6.1.3 计算机网络技术对空管系统的影响

计算机网络是现代空管系统各个组成部分的"粘合剂"，它完成空管系统中各种信息、指令的传递，使各级管制机构准确、及时、动态地掌握空中态势，并有效地指挥控制整个空管系统。因此，计算机联网是空中交通管理高度自动化和智能化的前提，也是保证空中交通安全有序，减轻工作人员工作负担的有效手段。

6.1.4 信息处理技术对空管系统的影响

信息处理是对各种类型的数据进行收集、存储、分类、计算、加工、检索和传输的过程。随着计算机技术的不断发展，存储容量不断增大，信息处理的水平日益提高。现代信息处理技术实现了空管信息处理的快捷和精确，有效地减轻了工作人员负担。

6.2 新航行系统的组成

新航行系统是建立在数据通信链路、卫星导航和自动相关监视（ADS）技术基础上的未来空中交通管理方案。新航行系统从运行使用的角度可以划分为三大部分，即机载端系统、地面端系统、网络与支持系统。其中，机载端系统包括飞机的定位、信息获取、信息综合处理、显示控制和飞行管理等功能，不同类别的机载用户具有不同的功能配置方式。地面端系统包括地面的信息综合处理、显示与操作控制等功能，地面端系统通常与管制中心系统集成在一起，也可以与管制中心系统相对独立，实现信息的共享。网络与支持系统包括新航行系统的空—地数据通信网络，以及建立在该网络平台之上的综合应用服务，担负着整个系统的运行管理、传输控制、信息分发与集中服务等任务，是构成新航行系统的基础平台。新航行系统的组成如图 6-1 所示。

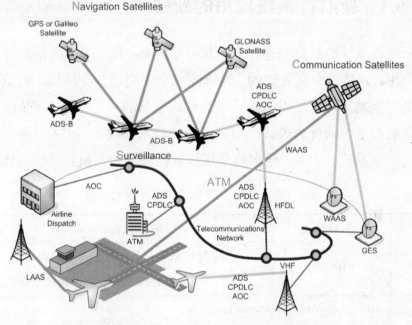

图 6-1　新航行系统组成示意图

　　新航行系统的应用，对于非雷达覆盖区来说，管制员将以单一的自动相关监视手段、话音和/或数据报文对空中交通提供管制服务，包括计划的受理、放飞许可、流量调控和安全间隔保证等项服务。系统的容量和采用的安全间隔标准将根据设备的功能性能指标、系统的成熟度和操作人员的熟练程度划分不同的服务等级。对于话音通信不能覆盖的空域，管制员可以使用 ADS 和 CPDLC 进行管制指挥。

新航行系统的应用，对于雷达覆盖区来说，管制员可以将 ADS 和 CPDLC 作为现有管制中心的补充或增强手段，以提高管制员对空监视和管制指挥的能力。在近期，ADS 信息将作为雷达监视信息的一种补充。对于航路飞行来说，由于已经具备比较完善的雷达覆盖，以航管雷达信息为主进行监视，在进近和场面运动阶段，由于 ADS 可以提供更高精度的目标位置信息，以 ADS 信息为主用，雷达信息作为补充。

6.3　新航行系统应用的新技术

新航行系统的目标是通过对卫星导航、通信和空—地数据链等新技术的应用，营造一个更先进的、无缝隙的空中交通管理环境。新航行系统不是完全抛开现有的设备和技术的模式全新的一个系统，而是保留现有陆基航行系统的优秀模式，引进了新的技术和设备，并在不断发展、完善的一个系统。表 6-1 给出的是现行航行系统和新航行系统的比较。

表 6-1　现行航行系统和新航行系统的比较

技术项	现行航行系统	新航行系统
通信	VHF 话音、HF 话音	VHF 话音/数据、AMSS 话音/数据、SSR S 模式数据链、ATN、HF 话音/数据链
导航	NDB、VOR/DME、ILS、INS/IRS、欧米嘎/L-C、气压测高	RNP/RNAV、GNSS、INS/IRS、气压测高
监视	SSR/ASR、SSR A/C 模式、话音位置报告	ADS、SSR A/C 模式、SSR S 模式

6.3.1　新通信系统

数字通信具有抗噪声，错码率低，可加密，便于处理运算变换，便于与计算机连接等优点。在一条线路上传输数据时，除必须具备的物理线路外，还必须有一些必要的规程来控制这些数据的传输。把实现这些规程的硬件和软件加到链路上就构成了数据链，如图 6-2 所示。数据链就像一个数字管道，可以在它上面进行数据通信。采用了复用技术后，一条链路可以等效有多条数据链路。数据链又被称为逻辑链路。

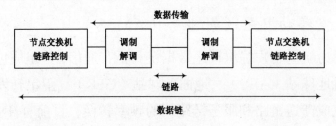

图 6-2　数据链示意图

在空—地通信网络系统应用数据链，能够实现人—人（管制员和飞行员）、机—机（ADS 和 ATM，无人工干涉）和人—机（机上信息注入数据库）间的数据传递。数据链是数据通信的应用，数据通信比模拟通信有许多不可比拟的优点，如自适应选频技术、跳频、自动纠错等。在空—地通信系统中，占主要服务内容的空中交通服务 ATS 和航务管理通信 AOC 将以数据通信为主，逐渐减少话音通信，最终达到只在必要时或紧急情况下使用话音通信。

新航行系统将要使用的新的通信系统包括航空移动卫星服务（AMSS）通信、VHF 地空数据链（话音和数据）和二次雷达 S 模式数据链等类型。通过对各种类型数据链系统的使用，新航行系统可以实现管制员飞行员数据链通信（CPDLC）应用。管制员飞行员数据链通信是管制员与飞行员通过数字报文进行相互之间的指挥控制信息交互的一种通信手段。军航新航行系统将实现责任管制员与重要飞机的飞行员或机组之间的 CPDLC 功能。

新航行系统通过对现有通信技术和通信资源的使用，逐步建设全球范围内的航空电信网（ATN）。在 ICAO 的 SARPs 标准（Standards and Recommended Practices）中，ATN 这种全球化无缝隙的互联网络被分为两大部分，即地—地数据通信网络及应用系统和地—空数据通信网络及应用系统，它将满足空管和各类航空企业的通信需求。在用户看来，ATN 提供了可靠、健壮、完整的端到端的通信服务。

1. 航空移动卫星服务/业务（AMSS）

AMSS 为航空用户提供远距数据链和话音通信，其组成包括卫星转发器、飞机地球站（AES）、地面地球站（GES）。卫星转发器由同步轨道卫星完成馈送链路和服务链路间的频率转换，目前有 INMARSAT 卫星。飞机地球站（AES）是指飞机上用来进行 AMSS 通信的设备，包括天线、卫星数据单元和高功率放大器等机载电子设备。地面地球站（GES）是指地面上用于进行 AMSS 通信的设备，完成飞机和 ATM、航空公司间的通信中继。AMSS 的链路示意图如图 6-3 所示。AMSS 的通道示意图如图 6-4 所示。

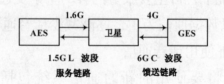

图 6-3　AMSS 的链路示意图

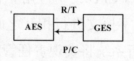

图 6-4　AMSS 的通道示意图

2. 通用访问收发信设备（UAT）

UAT（Universal Access Transeiver）是为 FAA 提出的"安全飞行21"（Safe Flight 21）计划而开展的演示验证系统，主要针对 ADS-B 应用，包括地面及机载设备，频段选择在 L 波段，机载、地面设备广播周期为 1s。

美国在 Alaska 建设的 UAT 系统商用试验区频率选择为 966 MHz，已经证明了 UAT 可以以较高的性能价格比在 L 波段成功开展 ADS-B 服务。

UAT 数据链是基于 TDMA 随机时隙分配技术的 L 波段数据链，机载收发机和地面站通过广播通信实现空—地、空—空数据链，可支持 ADS-B、ADS-C、TIS-B 和 FIS-B 等服务。其特点如下：

➢ 地面设备和机载设备按时隙进行广播通信，广播周期为 1s

➢ 地面时隙和机载时隙分别位于 1s 内的不同时段，保证地面广播和机载广播不会发生重叠

➢ 地面时隙固定分配而机载时隙随机分配

➢ 传输报文结合前向纠错编码和 CRC 检错编码，使得报文消息错误漏检概率<10-10

UAT 系统是一个基于 TDMA 随机时隙分配的系统。UTC（或 GPS）秒的起始就是 1s 的广播时间的开始。每秒被分为两部分，前一部分留给地面站时隙，共 32 个时隙，每时隙 5.5ms，再加上 12ms 的保护间隔，共 188ms。系统中每个地面站固定分配一个时隙，这样收端就不会出现两个地面站信号相互干扰的情况。每秒的后一部分共 812ms，除了末尾 12ms 为保护间隔，其余时间分为 3200 个时隙（每个时隙 250μs），随机分配给机载设备，在机载设备数量在一定容量范围内时，随机时隙碰撞的概率可以降到很低，不影响整个系统的正常运行。时隙分配如图 6-5 所示。

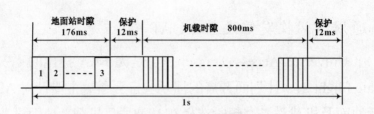

图 6-5　UAT 时隙分配示意图

　　UAT 系统中的每台机载设备每秒钟在随机分配的时隙中广播 ADS-B 报文，地面设备则在其固定分配的时隙中进行地面报文广播，空对空的广播和接收构成 UAT 的空—空数据链，空—地/地—空广播和接收则组成空—地/地—空数据链。以这种地面站固定时隙而机载时隙随机分配的方式可以建立起实现简单而又健壮的数据链。UAT 系统是专为 ADS-B 通信设计，该系统在支持机载 ADS-B 广播和地面固定长度长报文广播的同时，还支持 ADS-C、TIS-B 和 FIS-B 等业务。

6.3.2　新导航系统

　　新航行系统在继续使用陆基导航设备的同时，利用导航卫星系统为飞机提供连续不间断的高精度导航定位服务。可以利用的导航卫星包括美国的 GPS、俄罗斯的 Glonass，以及未来欧洲的 Galileo。

　　在过去的几年，使全球航行系统和空中交通管制系统发生深刻变革的根源是卫星导航。ICAO 将其命名为 GNSS，其中可能包括各国或组织的空间卫星系统，如 GPS、GLONASS、INMARSAT-Ⅲ、MTSAT、GIT 等。目前，已经达到完全运行状态的卫星导航系统只有美国研制的全球定位系统（GPS）。

　　1. 卫星导航的基本应用

　　GPS 的基本应用是利用空间 24 颗卫星星座中的至少 4 颗卫星来进行定位和授时。对航空用户而言，仅靠 GPS 接收机即可完成定位和导航。由于存在卫星星历误差、电离层和对流层的影响，再加上美国政府人为施加的选择可用性（SA）的干扰，GPS 的标准定位服务提供的精度在民用航空中只能使用于从航路到非精密进近飞行阶段内，无法满足精密导航和着陆飞行阶段的精度要求。为在使用卫星导航过程中确保飞行安全，改善 GPS 信号的精度、完好性和可用性，必须对 GPS 基本应用方式采用增强措施。

2. 卫星导航的增强应用

1）差分卫星导航　用导航卫星进行定位时，当两点之间的距离和它们相对卫星的距离相比可以忽略时，这两点的定位误差相同，利用差分技术可以有效地消除两点的共同性误差，这就是差分技术的基本原理。这两点被称为基准站和用户站。

基准站（已经过精密位置测定）接收 GPS 信号后，解算基准站位置，将解算值与标定值进行比较，求出卫星定位误差。再利用数据链向附近用户发播误差修正值。在附近的用户站接收到误差修正信号后，精确解算出用户站的精密位置解。无论是理论计算，还是实地试验，都证明了差分是解决卫星定位系统中的精度问题的有效可用技术。

为提高卫星导航精度、完好性、可用性和连续服务性，通过一些地面设施，选择使用差分技术和伪卫星技术等，使卫星导航系统性能得以提高。由此形成了 GPS 地面增强系统。按地面设施布放区域和范围，GPS 地面增强系统分为本地差分 GPS（LADGPS）、广域差分 GPS（WADGPS）、本地增强系统（LAAS）和广域增强系统（WAAS）等。LADGPS 是在 DGPS 基础上，布设多个基准站，构成基准站网，提高在基准站网覆盖范围内的用户站的定位和导航精度。

2）广域增强系统（WAAS）　　WAAS 是一个陆基基准系统网络，利用差分解算技术改善基本 GPS 信号的精度、完好性和可用性。WAAS 的主要目的是改善 GPS 信号的可用性，以满足全飞行阶段的 RNP 要求。

WAAS 能将精度提高至 7m。

WAAS 由广域基准站（若干个）、广域主控站组成，利用数据链发播定位修正信息。其特点是对空间相关的误差（大气中的传播延迟误差）和对空间不相关的误差（卫星的星历误差、星钟误差）分别解算和修正。这样，不仅使得只需设置较少的基准站就能覆盖大范围地区，还能利用卫星广播修正电文，在海洋和偏远荒漠地区不需设台，用户也能获得修正信息。

3）本地增强系统（LAAS）　LAAS 的目的是改善 GPS 信号，以满足精密 RNP 所需的导航性能要求。向视线范围内的飞机提供差分修正信号。LAAS 能将精度提高至 1m。

LAAS 是对 WAAS 服务的完善。LAAS 使用的差分技术是基于产生一个本地基准站和用户站之间所有预计的共同性误差的修正值。所以，LAAS 只能在约 20mile 的"本地"范围内发播导航修正信息，其服务空间只包括在本区域内的机场。虽然 LAAS 提供的服务空间小于 WAAS，但 LAAS 所能提供的精度要远高于 WAAS。因而，LAAS 能提供比WAAS 更多的精密进近服务，并能有效缩短系统完好性告警时间。LAAS主要由地面基准站、机载差分 GPS 接收设备、数据链组成。LAAS 可供I 类精密进近（可用性指标远高于 WAAS）、Ⅱ类乃至Ⅲ类精密进近和着陆。此外，LAAS 的空间信号还能提供机场场面活动监视服务。

4）新一代增强系统划分　1998 年 4 月，在新西兰惠灵顿召开的卫星导航专家组会议报告中，对能提高 GNSS 性能的各种增强措施进行了系统描述，按组成卫星导航系统的各成分将增强系统划分为陆基增强系统（Ground Based Augmentation System, GBAS）、星基增强系统（Satellite Based Augmentation System, SBAS）和飞机增强系统（Aircraft Based Augmentation System, ABAS）。

GBAS 将为 GNSS 测距信号提供本地信息和修正信息，修正信息的精度、完好性、连续性满足所需服务等级的要求。这些信息通过 VHF 数据链以数字格式发播。GBAS 的应用包括 WAAS、LAAS 等。SBAS 利用卫星向 GNSS 用户广播 GNSS 完好性和修正信息，提供测距信号来增强 GNSS。ABAS 将 GNSS 组件信息和机载设备信息增强和/或综合，从而确保系统符合空间信号的要求。ABAS 的应用包括 RAIM、AAIM、GPS/INS 等。

6.3.3　新监视系统

自动相关监视扩展 ADS-X 系统结合了 ADS-B 与多点相关监视系统二者的技术，为实现 ADS-B 的推广应用提供了一种新的解决方案。

多点相关监视系统（WAM）借助三角测量技术，通过分析由 3～4 个地面站组成的网络内的信号的到港时间差（TDOA），确定应答器发射源，并将这些发射源传输至中央处理器来确定三角测量结果。系统可应用于陆基高度监控设备，此外也可通过确定交通运输量较大的空域内气压测高计的性能协助最小垂直间隔的实现。

在覆盖范围内存在（WAM）的区域的精确度总体上超过一次监视雷达和二次监视雷达的精确度。从成本角度看，WAM 系统中需要的硬件成本据粗略计算大约是 SSR 系统的 50%。此外，因为不需要旋转机械部件，WAM 系统的维护成本也比一次雷达和二次监视雷达的成本低很多。

多点相关监视系统的地面站都具备完备的功能，并且符合 ADS-B 地面站的标准。该系统不仅能接收和解译自我报告信息，同时也能对信息源进行三角测量，生成独立的位置报告。

多点相关监视技术能应用于现有的（A/C 模式和 S 模式）应答器信号中，而且地面站网络无需增加新电子设备就能确定飞机的位置。多点相关监视系统与二次监视雷达相比，它的性能不受雨、雾气候的影响，可以减少飞行器标识跳跃并且无需手动标示，它完全覆盖各种区域，覆盖范围扩展到场面以上（如盘旋复飞）和机场以外（如 NTZ）交通工具可以跟踪。

ADS-B 与多点相关监视二者结合起来的自动相关监视扩展 ADS-X 系统，注重实效，具有灵活的 ADS-B 部署，可以作为 ADS-B 推广应用的一个解决方案。

二次雷达 A/C 模式或 S 模式将广泛用于终端区和高密度大陆区域内。在其他区域，特别是海洋空域和边远陆地区域内，将采用广播式自动相关监视（ADS-B）。

自动相关监视是由飞机主动广播自身位置等信息供外界对其进行监视的一种监视方式。机载信息的广播是完全自主式的，广播的周期、触发事件和报文内容应根据飞行的阶段、任务性质进行预置。广播信息到达地面之后经地面网络被分发到相关的用户终端，所有与某个飞行密切相关的用户均可以获取到该飞机广播的自动相关监视信息。

多点定位监视系统采用长基线时差无源定位体制，利用飞机辐射的电磁信号对飞机进行定位、跟踪与识别。多点定位监视系统一般由 1 个中心站和 3 个以上辅站组成，同时为提高系统的可用性，系统自带询问站。图 6-6 所示为多点定位监视系统组成框图。

中心站的组成与辅站基本相同，只是中心站的传输链路接口多于辅站。数据处理中心包含信息处理平台、显示控制平台，完成信号的参数测量、时差测量、多站信号分选配对、点迹解算和航迹显示等功能。数据处理中心组成框图如图 6-7 所示。

系统工作时，为使观测区域定位精度最高，系统 5 个站的布站一般可以采用正方形，其中 4 个辅站在正方形的顶点，中心站处于正方形的重心。

多点定位监视技术采用多站长基线时差定位体制，通过测量目标辐射的电磁信号到达辅站与中心站的时差，对辐射源进行三维双曲面

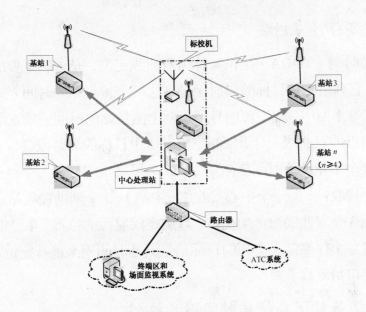

图 6-6   多点定位监视系统组成框图

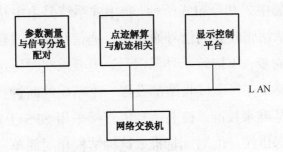

图 6-7   数据处理中心框图

定位。多点定位监视技术具有如下特点：

➤ 采用高精度的时差测量技术及高保真的通信技术，实现了目标的精确定位与跟踪

➤ 利用固定天线阵和高速信号处理和数据处理技术，情报数据率高，具有精密进近、助降引导功能

➤ 无系统定位盲区，电磁兼容性好

1. 高精度多时差定位技术

多站时差（TDOA）定位又称为双曲线定位，是一种重要的无源定位方法，它利用测量目标的辐射信号到达两个接收站的时间差来完成定位。在二维平面中，辐射源信号到达两个测量站的时间差确定了一对以两站为焦点的双曲线。对于探测三维空域中目标的测时差定位系统，至少需要 3 个不相关的时间差测量数据，为了确定空间中一个目标，至少需要 4 个接收站，即一个中心接收站（主站）、3 个辅助接收站（副站），从而形成 3 个双曲面来产生交点，以确定辐射源的位置。多站时差定位技术通过多个探测站采集到的目标信号到达时间差来进行定位，其最大优点是定位精度高。

2. 多基站间高精度时间同步机制

多基站测量定位系统各基站之间应保持严格的时间同步。实现时间同步的方法有集中式和分布式两种。集中式系统是由主站提供统一的时间标准，远端基站将收到的信号通过宽带通信线路传送到主站。这种方式不需要时间同步，不依赖于外部信号，但要求实时传送数据，结构复杂。分布式系统是在每个接收站都设置一个精确的时钟，而各站的时钟定期用一时间基准来校准。校准信号可直接采用 GPS 卫星发射的信号，也可由基准站提供统一的时间标准。这种结构相对简单，可利用现有的通信链路传输数据。

考虑 GPS 信号不总是可得到的，也可以采用标校应答机来提供时间同步，这样不依赖任何外部信息源就可进行位置的计算。用标校应答机为系统提供统一的时间标准，称之为"同源共视"的时间同步技术。

中心站时间同步标校机定时发送时间同步标校信号给各接收基站，所有的基站在收到时间同步标校机发射的信号后，将该信号打上本站的时间戳后送回给中心站，中心站根据各基站返回的时间标校信号的时间戳标志，计算各基站与中心站的相对时间偏差，进行时间同步校准。

时间同步精度直接影响了多基站测量定位系统的精度，为了实现在有效区域内定位精度小于 10m 的精度，测量各基站时间误差需要控制在 10×10^{-9}s 内，时间同步技术是多基站测量定位系统关键技术。

6.3.4　综合空管信息处理与服务（SWIM）

建立综合空管信息处理与服务技术是实现网络化运行的基础。在系统中，飞机要频繁地与地面的管制中心交换数据。另外，地面的各种设备/系统之间也会频繁进行数据交换，因此，系统中的设备遵循统一的数据交换标准是必须的，这个标准就是 FAA、EUROCONTROL、ICAO共同推出的 SWIM（System Wide Information Management）。

SWIM 的目的是对相关的数据信息格式进行规范，让授权的用户或软件程序能从正确的时间和资源中以正确的格式获得正确的信息——基于 NGATM 的网络。通过 SWIM，航空内部不同系统及不同部门/用户之间可获得相关所需的资源和信息，同时不同系统之间的信息交换会变得容易。图 6-8 是 SWIM 组成示意图。

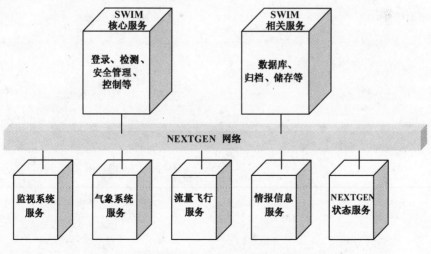

图 6-8　SWIM 组成示意图

　　SWIM 应包括 3 个主要方面，即 WAN 网络、核心服务和信息管理、安全服务。WAN 是 SWIM 的运行基础，信息将在 WAN 上流动。核心服务和信息管理将使信息变得可见，用户能访问该信息。安全服务使系统在 WAN 上具有安全效率，并能对信息接入点进行控制。

参 考 文 献

[1]　中国民用航空总局. 中国民航新航行系统（CNS/ATM）实施策略. 国际航空，1995,7

[2]　Federal Aviation Administration. National Airspace System Operational Evolution Plan. Version 5.0. http://www.faa.gov, 2002,10

[3]　ICAO. Manual of Technical Provisions for the Aeronautical Telecommunication Network（ATN）. DOC 9705/AN956，ATNP，1997

[4]　ICAO. ATN Systems Status and Standardization in Progress. ICAO WW/IMP　WP/38. World-wide CNS/ATM Systems Implementation Conference，Agenda Item：1，May，1998

[5]　Andrew，S Tanenba. 计算机网络. 熊桂喜，王小虎译. 北京：清华大学出版社，1998

[6]　ADS Technology Assessment Task Report 1999[R], European Air Traffic Management Programme

[7]　费利那，F A 斯塔德. 雷达数据处理（一）. 北京：国防工业出版社，1988

[8]　阿诺德，菲尔德. 世界空中交通管制世界空域管理. 北京：北京航空航天大学出版社，1990

[9]　Elliott D Kaplan. GPS 原理与应用. 邱致和，王万义等译. 北京：电子工业出版社，2002

[10]　陈志杰. 基于专家系统的新航行系统效能评估研究. 系统工程与电子技术，第 26 卷，第 7 期，2004,7

[11] 陈志杰. 军航新航行系统地空数据链技术体制研究. 第十一届全国空管系统总体技术专家会议论文集，2006,12

[12] 王小谟，张光义. 雷达与探测. 北京：国防工业出版社, 2000

[13] 刘慧英，周勇. 空中交通管理系统导论（第 1 版）[M]，国防工业出版社，2002,10

[14] 江波. 新航行系统及空中交通管理研究[D]. 西南交通大学学报，2001,3

[15] 张军. 现代空中交通管理[M]. 北京：北京航空航天大学出版社（第 1 版），2005,9

[16] 陈惠萍，尹萍　等. 从 GPS/GLONASS 演进到 GNSS. 新航行系统概论[M]，中国民航出版社，1997 年

[17] 陈颖，邓洁. 机载战术宽带数据链系统[J]. 电讯技术，2004,3

[18] 飞行管制内部教材[M]. 空军航空管制系，2002,4

[19] Vincent A. Orlando. 1996, A Critique of the SARPS and Guidance Material Proposed for the STDMA Approach for ADS-B, Massachusetts Institute of Technology, Lincoln Laboratory, 42PM-Squitter-0008

[20] RTCA DO-242A：ADS-B 的最低航空系统性能标准

[21] RTCA/DO-249：ADS-B 应用的开发实施计划指南

[22] RTCA/DO-259：初步应用飞行座舱显示器（CDTI）的应用描述

[23] RTCA DO260：1090MHz ADS-B 最低运行性能标准

[24] RTCA DO-260A：1090MHz ADS-B 和 TIS-B 的最低运行性能标准